Wirtschaftswissen für Jedermann

möglichst einfach erklärt

Prof. emer. Dr. Wolfgang Ströbele
Universität Münster

Bibliografische Information der Deutschen National-bibliothek

Die Deutsche Nationalbibliothek verzeichnet diese Publikation in der Deutschen Nationalbibliografie; detaillierte bibliografische Daten sind im Internet über dnb.dnb abrufbar.

Inhaber der Rechte am Werk inklusive aller Tabellen und Abbildungen: Dr. Wolfgang Ströbele, Dreeblöcken, 23570 Lübeck

© 2016

Herstellung und Verlag: BoD – Books on Demand, Norderstedt.

ISBN: 9783741272691

Vorwort

Dieses Buch entstand nach Abschluss meiner aktiven Lehr- und Forschungstätigkeit als Professor für Volkswirtschaftslehre an den **Universitäten** Oldenburg und Münster, an denen ich insgesamt über drei Jahrzehnte gearbeitet habe, samt vielfältiger **Praxis- und Politikberatung**.

Im Laufe dieser Zeit ist mir wiederholt das magere ökonomische Grundwissen über die Funktionsweise einer Marktwirtschaft und deren politische Steuerungsmöglichkeit in einer sehr breiten Öffentlichkeit, jedoch auch von manchen Journalisten oder Fernsehmoderatoren und auch von vielen Politikern immer klarer geworden. Dabei ist die Wirtschaft auch politisch sehr wichtig. Wie sagte schon US-Präsident Bill Clinton, als viele über seinen zweiten Wahlsieg staunten: „It's the economy, stupid!", das heißt: „Es geht um die Wirtschaft, du Dummkopf!"

In diesem Buch sollen

- Grundlagen über die zentralen Fragen einer Wirtschaft zusammengestellt und **verständlich erklärt** werden und
- wichtige Bausteine des inzwischen komplexen Gebäudes „Ökonomik" vorgestellt werden
- häufig gebrauchte Grundbegriffe wie Markt, Aktiengesellschaft, Wechselkurse, Barwerte, Umweltpolitik, Steuern etc. erklärt werden.

Angesichts der Komplexität der realen „Wirtschaft" ist ein Vorgehen in einfachen Schritten sehr waghalsig, weil sachlich viele Querverweise nötig wären. Aber auf das eine oder andere etwas schwierige wird sich der Leser ohnehin einstellen müssen. Das liegt an der unvermeidlich komplexen Thematik.

Das Buch könnte **zwei Interessentengruppen** ansprechen:

- Der **normale interessierte Staatsbürger** erlebt oft genug die Pros und Contras, d.h. das Für und Wider, in Diskussionsrunden mit Bezug zu Wirtschaftsthemen. Ohne eine Vorstellung, wie Wirtschaft funktionieren kann, ist er dann sehr schnell den charmantesten Populisten und gewieftesten Rednerinnen ohne Überprüfungsmöglichkeit ausgeliefert.

Zwar sind einige Argumente auch in den Wirtschaftswissenschaften vor allem in der Gewichtung verschiedener Aspekte nach wie vor kontrovers, aber über die grundlegenden Prinzipien als Kern der Disziplin sollte man sich dann doch auskennen. Dem „mündigen Bürger" könnte eine solche Information über Grundlagen und einige wichtige Zusammenhänge schon sehr viel weiter helfen.

- Es könnte zudem **junge Menschen** vorab informieren, die vielleicht nur deshalb eines der Fächer Betriebs- oder Volkswirtschaftslehre studieren wollen, weil ihnen kein besseres Fach einfällt oder weil ihnen bereits die Schulmathematik zu schwer erscheint.

Diese Personen sollen einen ersten Überblick über Wirtschaftsthemen bekommen und auch die inzwischen erreichte Komplexität der wirtschaftswissenschaftlichen Fächer erahnen - zumindest in einigen wenigen hinteren Kapiteln. Sie sollten an diesen wenigen Beispielen sehen, dass deswegen ohne eine solide Kenntnis der Abiturmathematik das heutige Universitätsstudium kaum mit gutem Erfolg zu bewältigen ist.

Die Auswahl der Themenbereiche entspricht auch meinem Hintergrund in der theoretischen Volkswirtschaftslehre. Ohne möglichst **gute Theorie** gibt es aber keine gute Praxis. Oder würden Sie sich von einem Arzt ohne solide theoretische Grundlagen seines Faches operieren lassen?

Letztlich stehen hinter diesem Buch auch Erfahrungen aus manchem großen Projekt in Kooperation mit der so genannten Praxis oder der Politikberatung: Wirtschaftlichkeit der nuklearen Wiederaufarbeitungsanlage Wackersdorf, Heizkraftwerksbauten für Strom und Fernwärme in großen Städten, Ökosteuern, CO_2-Emissionshandel, etc. Und dass ich einen langjährigen recht großen Erfahrungshintergrund im Anwendungsfach Energie- und Umweltökonomik habe, wird den Lesern auf Dauer auch nicht entgehen, manche sogar aber vielleicht gerade wegen der Probleme der „**Energiewende**" besonders ansprechen.

Da meine Erklärungen oft von Studenten für recht gut verständlich eingeschätzt wurden, traue ich mich an dieses Buch.

Trotzdem wird die Gesamtauswahl hier und da nicht alle Wünsche zufrieden stellen. Aber ich hoffe, es lässt sich daraus die eine oder andere nützliche Einsicht gewinnen.

Lübeck-Travemünde, im Sommer 2016

Dr. Wolfgang Ströbele

Wirtschaftswissen für Jedermann

Ich halte viel von Praktikern. Es fällt aber auf, dass die meisten Leute, die sich selbstbewusst so nennen, keine sind. Praktiker ist man nicht dann schon, wenn man möglichst wenig Ahnung von Theorie hat. Man ist auch dann noch kein Praktiker, wenn man nur schlecht erklären kann, was man macht und warum man etwas macht.

Thomas Städtler, DIE ZEIT, 23.05.1986.

Grundlagen

1. Ist das Problem „Wirtschaften zu müssen" neu?
2. Abstimmen von Wünschen und Möglichkeiten
3. Tauschen: Vor- und Nachteile
4. Warum benutzen wir Geld?
5. Marktgleichgewicht
6. Die Bedeutung des Rechtsstaates
7. Wann lohnt sich eine Investition?
8. Wie entsteht Inflation?
9. Warum ist Inflation schlecht?
10. Lassen sich alle Güter auf Märkten handeln?
11. Warum ist der Arbeitsmarkt etwas Besonderes?
12. Gewerkschaften und Arbeitgeberverbände
13. Der Einfluss anderer Verbände
14. Wie entsteht Arbeitslosigkeit?
15. Wie kommt der Staat zu Geld: Steuern und Abgaben
16. Begründungen für staatliche Wirtschaftspolitik

Etwas anspruchsvollere Punkte

17. Der Staat als Inflationsgewinner?
18. Gibt es auch Staatsversagen?
19. Aktien und GmbH – wozu?
20. Ist der Handel mit ausländischen Märkten sinnvoll?
21. Wie wirken Zölle?
22. Warum gibt es die EU?
23. Was ist ein Wechselkurs?
24. Wie kam es zur Euro-Krise?
25. Eine Liste von dubiosen Vorschlägen zur Wirtschaftspolitik

26. Energie – Treibkraft der heutigen Gesellschaften
27. Deutschland ist abhängig von Rohstoff- und Energieimporten
28. Lösbare lokale Umweltprobleme
29. Globale Umweltprobleme am Beispiel der Klimaschutzpolitik
30. Der EU CO_2-Emissionshandel
31. Grundlagenfakten Elektrizitätswirtschaft
32. Was untersucht die Betriebs-, was die Volkswirtschaftslehre?

Tipps für den ökonomischen Alltag

33. Ökonomische Tipps für das tägliche Leben
34. Ökonomische Tipps für den Hausbau oder Wohnungskauf
35. Ab wann ist man „arm"?

Ökonomik für Fortgeschrittene

36. Abdiskontierung von Zahlungen zu verschiedenen Zeitpunkten
37. Finanzmathematische Durchschnittskosten
38. Monopol im einfachsten Fall
39. Poisson-Prozess und exponentiell verteilte Wartezeiten

40. Häufig benutzte ökonomische Abkürzungen

Nachwort und ergänzende Literatur

Grundlagen

1. Ist das Problem, Wirtschaften zu müssen, neu?

Aller Anfang ist schwer, am schwersten der Anfang der Wirtschaft.   *Johann Wolfgang v. Goethe*

Ein Gepard jagt in der afrikanischen Steppe eine Antilope. Nach wenigen Sekunden Sprint ist er nur noch wenige Meter von ihr entfernt. Sie fragen sich jetzt: Was hat das mit Ökonomie zu tun?

Sehr viel, denn ab einem bestimmten Abstand und einer Geschwindigkeit der davonlaufenden Antilope sagt ihm sein Instinkt oder Jagderfahrung, ob sich der jetzt noch nötige stark beschleunigte Rest-Sprint lohnt. Beim erreichten Abstand schlägt er mit Wahrscheinlichkeit p noch seine Beute, mit 1-p nicht mehr. Er muss somit Aufwand und mögliches Ergebnis von zwei denkbaren Strategien (instinktiv) abwägen:

Strategien	Jagd fortsetzen	Jagd abbrechen
Energieverbrauch **Sprint**	800 kcal	0 kcal
Energiegehalt **Beute**	8800 kcal	nicht erreicht

Wenn er der Antilope schon auf 5 m nahe gekommen ist, betrage seine Wahrscheinlichkeit für Erfolg 25 %. Beim restlichen Sprint verbraucht er 800 kcal sicher, sein (ungewisses) Beuteergebnis ist durchschnittlich 0,25 · 8800 = 2200 kcal. 1000 kcal benötigt er bis zur nächsten Jagd. Er wird in dieser Situation den Endspurt durchziehen, selbst wenn im Durchschnitt nur jeder 4. Versuch erfolgreich ist. Auch ein Gepard muss mit seinen Kräften so umgehen, dass er ein möglichst gutes Ergebnis erzielt. Wenn er älter und langsamer wird, sinkt seine Wahrscheinlichkeit für den erfolgreichen finalen Sprint auf z.B. nur noch 15 %. Jetzt kann er nur noch überleben, wenn er dank seiner Erfahrung bereits vorher näher an die potentiellen Beutetiere anschleichen kann.

Zu entscheiden, mit seinen Kräften und Möglichkeiten sinnvoll umzugehen, um gut zu leben, d.h. Wirtschaften zu müssen, ist ein uraltes Problem und existierte von Beginn der Menschheit an.

Im Kern geht es um die Frage, das „Bestmögliche" für ein **gutes Leben** des Individuums und / oder der Gruppe, in der man lebt, zu erreichen. Die „Gruppe" bestand in der Steinzeit aus einer unterschiedlich großen Horde von umherziehenden Jägern und einigen Sammlern, deren Hauptsorgen die Nahrungsmittelbeschaffung und das Überleben auch bei ungünstiger Witterung und angesichts der vielen Raubtiere waren. Und nur wenn es den Menschen leidlich gut ging, konnten sie sich um die Zukunft ihrer Nachkommen kümmern, d.h. auch Vorsorge für morgen treffen.

Mehrere tausend Jahre v. Chr entstanden die ersten geordneten größeren Strukturen an den Rändern des Euphrat-Tigris-Tals (im heutigen Irak) oder am Unterlauf des Nils als das erste große Pharaonenreich im heutigen Ägypten.

Dieses Zusammenleben in einer größeren Gemeinschaft ermöglichte einerseits einen großen Zugewinn an Lebensqualität: Man denke an gemeinsame Verteidigung gegen äußere Feinde, gesichertes Zuhause mit Schutz vor Witterung und Raubtieren, einen materiell höheren Lebensstandard etc.

Andererseits erforderte diese Lebensform aber auch zusätzliche Koordination und Regelwerke, die einen Kultursprung bezüglich der geschriebenen Sprache oder die Benutzung erster Zahlen mit sich brachte. Die Hieroglyphenschrift wurde beispielsweise etwa 3000 - 2800 v.Chr. entwickelt, nicht nur um den Ruhm des jeweiligen Pharao zu verkünden, sondern auch um Bewässerungsregeln oder Ernteergebnisse zu notieren oder die Jahreszeiten zu beobachten, was Gewinn an Planungssicherheit und bessere Güterversorgung bedeutete.

Und was das jeweils **„Bestmögliche"** sein kann, stellte sich für einen Menschen zu Goethes oder Gauß' Zeiten - also vor etwa 200 Jahren - anders dar als heute: Die **Produktionsmöglichkeiten**, d.h. auch das umsetzbare technische Wissen, erlaubte Anfang des 19. Jahrhundert noch keine Autos oder Flugzeuge, geschweige denn GPS-Navigation oder Mobiltelefone.

Damit lag ein Mittelmeer-Kurzurlaub von zehn Tagen oder ein Wochenendausflug in eine nur 150 km entfernte Stadt außerhalb der Möglichkeiten selbst sehr wohlhabender Leute.

Und die damals lebende Menschheit, für welche Nahrung, Trinkwasser, Wohnung, etc. benötigt wurde, lag zu der Zeit um 1815 - 1820 bei nur rund 1 Milliarde Menschen.[1]

Vergleicht man die materiellen Möglichkeiten von heute mit denen Mitte der fünfziger Jahre des vorigen Jahrhunderts, als die wenigsten Familien ein Auto oder ein Telefon hatten, begreift man die Veränderung: Heute hat man selbst als statistisch „armer" Mensch einen Kühlschrank und ein Telefon.

Andererseits hatten viele überwiegend „auf dem Lande" wohnenden Menschen in den Nachkriegsjahren eine gewisse gesicherte materielle Basis durch teilweise Eigenversorgung in Gärten und Wäldern.

Diese Möglichkeit ist heute in zahlreichen riesigen Städten mit weit mehr als 5 Millionen Einwohnern nicht mehr so gegeben. Und angesichts der weltweiten Vernetzung dank Verkehrs- und Kommunikationstechniken (Internet, Fernsehen, …) hat sich eine eher lokale Wirtschaft längst in einen weltweiten Zusammenhang einbetten müssen.

Manches mittelständische Unternehmen der sechziger Jahre ist zu einem deutlich größeren international agierenden Großunternehmen herangewachsen – umgekehrt sind andere ehemalige Großunternehmen heute verschwunden.

Ökonomik befasst sich damit, die Produktionsmöglichkeiten für verschiedene Güter (Nahrungsmittel, Möbel, Fahrräder, …) mit den subjektiv verschiedenen Dringlichkeiten der Wünsche gleichzeitig „optimal" passend abzustimmen.

Ergebnis: Manche wünschen sich ein Leben ohne einen Zwang zum Wirtschaften, was nur in einem nicht existenten Schlaraffenland ginge.

Wenn „Wirtschaften" heißt, die beste der verfügbaren Alternativen für sich zu wählen, gilt auch: In der Regel haben Menschen mehrere Möglichkeiten. Warum sollte man ihnen empfehlen, die zweitbeste zu nehmen?

Und selbst ein Hippie in Kalifornien hat sich irgendwann für die entspannte Ruhe und gegen einen Achtstunden-Job entschieden.

---

[1] Heute wird die Weltbevölkerung auf ca. 7,5 Milliarden Menschen geschätzt.

2. Abstimmen von Wünschen und Möglichkeiten

A P.O.W. camp provides a living example of a simple economy.   R.A. Radford

Es lässt sich abstrakt sehr leicht formulieren, dass die Wünsche der Menschen und die produktionstechnischen Möglichkeiten „möglichst gut" aufeinander abgestimmt werden sollten. Weil es im Konkreten sehr schnell kompliziert werden kann, werden zuerst **zwei** einfache **Modellwelten** betrachtet.

Tausch im Kriegsgefangenenlager (P.O.W Camp)

Während und zu Ende des zweiten Weltkriegs kamen auch viele im Zivilberuf ökonomisch gut geschulte Männer in Kriegsgefangenschaft. Um nicht vor Langeweile einzurosten, beobachteten sie dort, wie die Versorgung erfolgte und schrieben dies auf. Jede Woche gab es eine (sicherlich recht kümmerliche) Ration an Lebensmitteln, einige Zigaretten, manchmal sogar Schokolade. Wir unterstellen zunächst, dass die Ration für jeden Soldaten gleich groß war. Es war je nach Ration und Zusammensetzung des Lagers nach Rauchern und Nichtrauchern sehr bald ein reges Tauschen zu beobachten: Gab es viele Zigaretten und einen geringen Anteil Raucher, konnte man 5 Zigaretten für eine kleine Schokolade ergattern. Umgekehrt, wenn der Raucheranteil hoch war und auch noch in einer Woche fast keine Zigaretten verteilt wurden, konnte man jetzt 5 Zigaretten nur für vier Schokoladentäfelchen eintauschen: In „Schokoladeneinheiten" hatte sich der „Preis" für Zigaretten auf Grund der neuen Situation vervierfacht.

Im ersten Fall waren die „Möglichkeiten", gegeben durch die sehr gute Zigarettenration, günstig für die Raucher; im zweiten Fall günstiger für die Nichtraucher mit Schokoladenhunger. Es stellten sich demnach in jedem Lager unterschiedliche Tauschrelationen heraus.

Wenn jetzt aber die Offiziere grundsätzlich eine größere (kleinere) Ration bekamen als normale Soldaten, beeinflusste deren Raucheranteil das Tauschergebnis anders als vorher: Bei angenommen gleicher Gesamtmenge an Zigaretten hatte die unterschiedliche Anfangsausstattung im Allgemeinen auch einen Einfluss auf die Tauschrelationen, sofern sich die Gewohnheiten und Vorlieben der Offiziere von denen der übrigen Soldaten stärker unterschieden..

Die **Tauschrelationen** zwischen Zigaretten und Schokolade hängen in den Lagern, wo über die Produktion der Güter ja nicht entschieden werden kann, sondern als fixe Ration kommt, von drei wichtigen Größen ab:
- Die **Menge** der insgesamt pro 1000 Mann zur Verfügung stehenden Ration[2],
- deren Anfangs**verteilung** auf die verschiedenen Gruppen (hier: Offiziere, Soldaten) und
- die (subjektive) **relative Dringlichkeit der Wünsche** nach den verschiedenen Gütern (hier: dem Anteil der Raucher oder Nichtraucher oder Schokoladenliebhaber) der vielen gefangenen Offiziere und anderen Soldaten.

Produktion auf einer einsamen Insel

Ein anderes Modell zum Durchdenken einfacher ökonomischer Probleme lässt sich durch eine fiktive Geschichte konstruieren. Ein Flugzeug mit 50 Personen an Bord muss auf einer abgelegenen Insel von nur wenigen Quadratkilometern Größe notlanden. Die Flugzeuginsassen überleben alle, können aber frühestens in sechs Monaten abgeholt werden, wie sie durch einen letzten Funkspruch erfahren. Das Flugzeug wird bei der Notlandung beschädigt, so dass es als Unterkunft und Regenschutz bald ausfällt. Die Insel hat Vegetation auch mit vielen Bäumen und kleinere Tiere und dank zweier Flüsse auch Trinkwasser.

Wie löst man das **Problem des Überlebens**? Offensichtlich geht es zuerst darum zu klären, wer an Bord welche besonderen Fähigkeiten hat. Natürlich ist man jetzt froh, wenn die Passagiere nicht nur aus 30 von einem Kongress zurückkehrenden Zahnärzten, 15 Handballprofis und 10 Managern bestehen, sondern vielleicht auch einige Landwirte, verschiedene Handwerker und andere für das Überleben nützliche Berufsgruppen umfasst.

Hier ist somit die Anfangsausstattung mit Arbeitskräften mit unterschiedlichen Fertigkeiten durch die aktuelle Zusammensetzung der abgestürzten Personen gegeben. Wie würde eine rationale Gruppe vorgehen?

Vielleicht stellt sich jeder kurz vor und gibt das an, was er gut kann von den Dingen, die für das Überleben auf der Insel wichtig sind. Dann sollte die Gruppe ein Koordina-

---

[2] In der Realität (siehe nächster Abschnitt) muss diese Menge natürlich **produziert** werden. Hier wird sie exogen zugeteilt.

tionsteam wählen, das die Leitung über die zu führende Diskussion der als erstes, dann als zweites usw. anzugehenden Punkte übernimmt. Nachdem ein guter Standort für ein Lager gefunden ist, muss vielleicht als erstes die Trinkwasserversorgung aus dem 800 m entfernten Fluss, dann die Unterbringungsfrage geklärt werden, dann die Möglichkeiten, auch Lebensmittel zu sammeln oder sogar einige Pflanzen anzubauen usw.

Und natürlich sollten alle Gesunden im Rahmen ihrer Fähigkeiten eine Aufgabe wie Wasser holen, Hütten bauen, Nahrung suchen, etc. übernehmen. Selbst wenn die drei kräftigsten sportlichen Männer ideal zum Wassertragen geeignet wären, so würde man sie nicht dafür einsetzen, wenn sie gleichzeitig die einzigen auch besonders gut für Holzfällen und Hüttenbau fähigen Menschen wären. Dann lässt man lieber einige andere Leute das Wasser holen, weil ansonsten die Unterbringungsfrage nicht so schnell lösbar wäre.

Das heißt: Selbst wenn es Menschen (Typ A) gibt, die von 10 möglichen Aufgaben vier am besten bewältigen könnten, so sollte man abwägen, auf welchen Gebieten ihr **relativer Vorteil** am größten ist. Wenn sie im Wassertransport nur 33,3 % besser sind als der Rest (Typ B), aber im Hüttenbauen doppelt so gut, dann ist die Antwort klar:

	Hüttenbau	Wasser holen
Typ A	1 Hütte/Tag	100 l Wasser/Tag
Typ B	½ Hütte/Tag	75 l Wasser/Tag

Die **„Kosten" für 1 Hütte** ausgedrückt in l Wasser/Tag bei den Arbeitern Typ A betragen 100, bei Typ B hingegen 150. Das nennen Ökonomen **Opportunitätskosten** = notwendiger Verzicht auf andere Güter, um das begehrte Gut herzustellen.

Lösung 1: Wenn man für 5 Tage die 3 Männer vom Typ A Hütten bauen lässt, so hat man 15 Hütten und verzichtet man auf 1500 l Wasser. Um diese 1500 l Wasser zu bekommen, müsste die Leitung 4 Personen des Typs B einsetzen, d.h. die Wasserversorgung über 5 Tage und die gewünschten Hütten wären als Aufgabe erledigt.

Lösung 2: Setzte man nun die 3 Personen (A) hingegen für das Wasser holen ein, so bekommt die Gruppe die gleiche

Wasserversorgung, aber von den 4 Personen (B) nur insgesamt 10 Hütten nach den 5 Tagen.

Bei Lösung 2 „verschenkt" die Gruppe ganz offensichtlich durch eine schlechte Aufteilung der verfügbaren Arbeitskräfte eine denkbare bessere Versorgung mit wünschenswerten Gütern.

5 Tage Arbeit	A, 3 Arbeiter	B, 4 Arbeiter
Lösung 1	15 Hütten	1500 l Wasser
Lösung 2	1500 l Wasser	10 Hütten

Ökonomen bezeichnen derartig ungünstige Lösungen als „ineffizient". Damit ist hier offensichtlich das „Vergeuden von Arbeitskraft" für eine schlechtere Lösung gemeint. Hier geschieht dies durch falsche Aufgabenverteilung auf die verfügbaren unterschiedlich talentierten Arbeitskräfte bei Lösung 2.

Dabei kommt es entscheidend auf die jeweiligen **relativen** Stärken und Schwächen der Arbeitskräfte an, nicht vorrangig auf die **absoluten** Vor- oder Nachteile. Dabei kann es natürlich auch Fälle geben, wo beide Kriterien gleichzeitig zutreffen.

Jeder Mensch mit gesundem Verstand kann sich dieser Idee, möglichst **effiziente Ergebnisse** zu suchen, nur anschließen: Im Kern heißt es ja nur, die unnötige und vermeidbare Verschwendung von Ressourcen möglichst zu lassen. Allerdings ist dieses Konzept einer möglichst effizienten Produktion vielen Menschen erst im zweiten Anlauf klarzumachen.

Wenn man mehr als einen Input-Faktor in den Produktionsprozess hat (z.B. zu bearbeitendes Land sehr unterschiedlicher Qualität, Maschinen o.ä.) sind die Effizienzbedingungen natürlich viel komplexer und benötigt Mathematik, aber die Grundidee beruht immer noch auf den jeweis relativen Vorteilen für einen bestimmten Einsatz.

Mit einigem analytischen Einsatz zeigen Ökonomen, dass in einer Konkurrenz-Marktwirtschaft (im Idealfall) diese Effizienz erreicht werden kann. Auf nahe liegenden Ausnahmen kommen wir natürlich auch zu sprechen.

Es gab in der jüngeren Geschichte eine offenkundig sehr schlecht und ineffizient organisierte Volkswirtschaft auf deutschem Boden.

Die so genannte sozialistische Bürokratiewirtschaft (realiter eine undemokratische Herrschaft der Parteikader der SED, Geheimdienste und der Bonzen) in der ehemaligen DDR wies eine Fülle derartiger **Ineffizienzen** auf:

Angesichts der politisch gesetzten „Preise" (die de facto nur geringe Steuerungswirkungen hatten), faktischen Verschleuderung ihrer Ressourcen durch das Hineinregieren auch dritt- und viertklassiger Parteikader in Stadtverwaltungen und Betriebe, wobei noch der erhebliche Ressourcenentzug durch Geheimdienste und Armee hinzu kamen, war es letztlich gar kein Wunder, dass sie nach einigen Jahrzehnten an ihrer eigenen Schwäche auch wirtschaftlich zusammenbrach.

In der ersten Hälfte der achtziger Jahre konnte „der große Bruder" Sowjetunion dank eines nach 1979 sehr hohen Ölpreises noch gut unterstützend tätig sein: Billige Rohöllieferungen wurden in ostdeutschen Raffinerien verarbeitet und in Form von Benzin, Heizöl oder Diesel von der DDR gegen DM oder US-$ bis 1986 in den Westen verkauft. Mit dem dramatischen Verfall der Ölpreise ab 1986 nach Änderung der saudi-arabischen Ölpolitik kam aber auch die Sowjetunion in größte wirtschaftliche Schwierigkeiten, so dass sie selbst praktisch pleite war. Der damalige Generalsekretär der KPdSU, Michael Gorbatschow, musste dann das Elend ausbaden. Das war der letztlich ökonomische Auslöser für viele nachfolgende Schwierigkeiten im damaligen Ostblock.

Ergebnis: Ökonomen analysieren, wie die **Abstimmung der unterschiedlichen Dringlichkeit von Wünschen und Produktionsmöglichkeiten** erfolgen kann und wie **effiziente Produktion** der Güter (also ohne unnötige und vermeidbare Vergeudung von Ressourcen) organisiert werden kann.

Wie man im Beispiel des Kriegsgefangenenlagers sieht, spielt dabei auch die Verteilung der Möglichkeiten für einzelne Gruppen eine Rolle.

Im Inselbeispiel wäre ein besonders krasser Fall durch eine vierköpfige bewaffnete Gangsterbande gegeben, die sich den Löwenanteil der produzierten Güter gewaltsam aneignet.

3. Tauschen: Vor- und Nachteile

Ein Ruin kann drei Ursachen haben: Frauen, Wetten oder die Befragung von Fachleuten. Georges Pompidou

Wenn es durch Tauschen und verschiedene intelligente Formen der Arbeitsaufteilung den Menschen besser gehen kann, was spricht dann dagegen? Es kann beiden Parteien dadurch doch nur besser gehen.

Mit einem Tausch muss man jedoch in eine beidseitige Beziehung eintreten und einiges z.B. über seine ökonomischen Potentiale aufdecken. Wenn man dem Gegenüber zu Recht oder Unrecht misstraut, kommt eventuell kein Tausch zustande.

Der Gegenüber könnte nämlich aus diesen neu gewonnenen Einschätzungen den Schluss ziehen, dass er mich oder meinen Stamm besser überfällt und ausraubt, anstatt sich auf das zivile Verfahren des Interessenausgleichs einzulassen. Dieser Anreiz ist umso größer, wenn der potentielle Tauschpartner feststellen muss, dass ich relativ „reich" bin und er sich als zu Recht oder Unrecht als „sehr arm" ansieht. Wenn er dann auch noch besser bewaffnet, kämpferisch härter oder brutaler ist, wird mein Tauschangebot mit einem Krieg oder Raubzug gegen mich enden.

In milderer Form kann man beim Tauschen auch einfach betrogen werden, z.B. indem man minderwertige Qualitäten des Gutes eintauscht und dies erst später entdeckt.

Tauschen setzt also ein gewisses **Vertrauen in den anderen Tauschpartner** voraus und das wiederum muss über die Zeit aufgebaut werden und durch nachfolgendes faires Verhalten immer wieder bestätigt werden.

Einem Gastwirt am Montmartre in Paris mit hohen Preisen und dazu eher mieser Qualität der Speisen kann der Ärger der Touristen nach dem Essen gleichgültig sein, denn morgen kommen viele neue. Einem Spezialitätenrestaurant in einer Seitenstraße hinter der Pariser Oper muss hingegen daran liegen, auf Dauer einen guten Ruf als gutes und qualitativ hochwertiges Lokal zu erwerben. Von vorbei strömenden Touristenmassen könnte es auf Dauer nicht leben: Dorthin verirren sich selten genügend viele. Es lebt vorwiegend von Stammgästen.

Bis weit in das 20. Jahrhundert entdeckten Forscher bspw. auf Papua-Neuguinea kleine Völker, die im Urwald weitestgehend voneinander isoliert lebten, praktisch wie vor vielen tausend Jahren am Ende der Steinzeit.

Einige dieser Völker praktizierten den „stummen Tausch". Ohne sich direkt in persönliche Verhandlungen zu begeben, deponierten sie an speziellen Plätzen von ihnen hergestellte Güter oder Nahrungsmittel oder Produkte aus ihrer Landschaft. Das andere Volk legte dann seinerseits die ihm reichlich verfügbaren Güter daneben.

Wenn dieses erste Tauschangebot von der anderen Seite akzeptiert wurde, kam es dadurch zu einem beidseitig freien Tauschvorgang, ohne dass es zwischen irgendwelchen Personen explizit Verhandlungen gegeben hätte. Es war also ein anonymer Vorgang.

Dessen wirtschaftliche Vorteile (z.B. Erhalt von Schilf und Meeresfrüchten gegen Hergeben von Holz und Waldfrüchten) wurden von beiden so hoch gegenüber einem ökonomisch völlig isolierten Zustand eingeschätzt, dass der Handel sich für beide lohnte und auf Dauer praktiziert wurde.

Wenn (freiwilliges) Tauschen eine Verbesserung für beide Seiten bedeuten kann, fragt man sich, welche weiteren Probleme dabei auftreten können. Offensichtlich kommt es dabei auch auf den **Entwicklungsstand der Wirtschaft** und die Vielzahl der tauschbaren Güter an.

Machen wir einen Zeitsprung über 2000 Jahre zurück: Man stelle sich einmal einen römischen Handwerker (etwa einen Schuhmacher) zu Kaiser Augustus Zeiten etwa im Jahre 10 nach Chr. vor.

Für ihn und seine Familie gab es ein Haus, für dessen Instandhaltung er manchmal Dachziegel, Holzlatten oder Mörtel etc. benötigte. Die Lebensmittel waren ebenfalls schon differenziert: Fleisch, Obst, Gemüse, Getreide, Olivenöl und Weine jeweils in vielen verschiedenen Sorten standen zur Auswahl; ebenso verschiedene Güter bei Kleidung oder Schuhen.

Andererseits war er auf die Fertigung und Reparatur z.B. von diversem Schuhwerk spezialisiert. Für diese Berufsausübung benötigte er Werkzeuge verschiedenster Art ebenso wie diverse Ledersorten. Damit er wirtschaften konnte, hätte er sich das Tauschverhältnis von Olivenöl : Mörtel genauso merken müssen wie das von Getreide : Leder oder Wein : Dachpfannen, was sehr schnell unüberschaubar wurde.

Außerdem erwies sich folgendes als besonders unpraktisch: Wenn er einen Dachdecker für eine Reparatur des kaputten Daches suchte, hätte er in Rom bald jemanden finden müssen, der als Dachdecker in diesem Monat gerade neue Schuhe brauchte. Dasselbe gilt für alle anderen Güter, die er brauchte: Ob er Wein oder Reis, ob er einen Schrank oder ein Bett suchte – er selbst konnte nur seine Schuhe oder eine Schuh-Reparatur anbieten.

Naturaltausch kann offensichtlich schnell kompliziert und damit sehr unpraktisch werden. Die durchaus sinnvolle Spezialisierung auf bestimmte Berufe wäre dadurch in Naturaltauschwirtschaften beim damaligen technischen Entwicklungsstand in Rom gescheitert. Deshalb entstand schon sehr früh noch vor der Römerzeit die Suche nach einer besseren und bequemeren Lösung.

Ergebnis: In der Menschheitsgeschichte entwickelten sich schon sehr früh **einfache Formen des Tausches.**

Wenn größere Gruppen von Menschen in einer Stadt oder sogar einem losen Staat zusammenleben, können derart viele Tauschbeziehungen und zunehmende Arbeitsteilung zu einer großen Vielzahl von Tauschverhältnissen führen, so dass ein **Naturaltausch** nicht mehr gut genug funktionierte.

Gesamtwirtschaftlich ermöglicht aber dieser Ausbau von Tauschbeziehungen erhebliche wirtschaftliche Vorteile für alle, solange es geordnete Regeln für den Tausch gibt.

4. Warum benutzen wir Geld?

Geld ist nichts. Aber viel Geld – das ist etwas anderes.
George Bernard Shaw

Ab einer größeren Anzahl von Gütern ist das unmittelbare Tauschen von Gut_1 gegen Gut_2 oder von Gut_3 gegen Arbeitsstunden durch die Einführung von Geld erleichtert worden. Was ist das und wie funktionierte das?

Als Geld dienten ursprünglich seltene Meeresschnecken, Gold- oder Silberstücke. Der simple Tausch **Gut_1 gegen Gut_2** (wie im Kriegsgefangenenlager) wurde ersetzt durch zwei Tauschakte, nämlich **Gut_1 : Geld und Geld : Gut_2**. Das bedeutete tatsächlich eine **Vereinfachung:** Bereits bei nur 100 verschiedenen Gütern (Gebäudeteile, Nahrungsmittel, Getränke, Kleidung, ...), d.h. noch in einfachsten Mini-Volkswirtschaften, entstehen immerhin fast 5000 Tauschverhältnisse (= 100*99/2 = 4950), die bei der Planung von Entscheidungen zu berücksichtigen sind. Durch die Einführung von Geld hat man dagegen lediglich genau 100 Preise in der neuen Währung. Das spart offensichtlich enorme **Transaktionskosten** und erleichtert das systematische planvolle Tauschen.

Außerdem mussten die Tauschakte dank Geld **nicht** mehr ständig **gleichzeitig** stattfinden. Tauschte man heute etwas gegen Geld weg, konnte man in einer späteren Periode gegen dieses (und eventuell weiteres angesammeltes) Geld ein besseres oder auch teureres Gut_2 (z.B. ein Bett, einen Schrank) eintauschen. Damit ermöglichte Geld auch das Ansparen auf spätere Anschaffungen, und sehr bald wurde auch das Ausleihen auf begrenzte Zeit (Kredit) gegen Zinsen möglich.

Damit hat Geld folgende nützlichen Funktionen:
- Geld funktioniert als ein zusätzliches standardisiertes **Tauschmittel**, das von jedermann im Inland gegen jedes andere Gut getauscht werden konnte. Damit das gut funktionierte, musste es auch in kleinen und großen Einheiten zur Verfügung stehen. Das heißt heute: Geld existiert also nicht nur in 50- und 100 €-Scheinen. Da die meisten von uns ja nicht unbedingt mehrere Tausende von Tauschverhältnissen im Kopf haben können, erleichtert Geld im Ergebnis das Austauschen doch ungemein.

- Man kann Geld über die Zeit ansammeln, um sich nach einiger Zeit schließlich ein Fahrrad oder einen Schrank kaufen zu können. Das bezeichnen Ökonomen als die **Wertaufbewahrungsfunktion** von Geld.
- Man kann dank Geld leichter den jeweiligen Wert der Güter heute und in der nahen Zukunft rechnen: Geld ist eine gute **Recheneinheit** auch für ganz große Wochenendeinkäufe. Damit kann man „das materielle Opfer" für die Lebensmitteleinkäufe vergleichen mit dem für ein Paar neue besonders schöne Schuhe.

Selbst die rotesten Kommunisten in China vor 1970 verteilten anfangs in den chinesischen Dörfern „Arbeitspunkte" für geleistete Extra-Arbeitsstunden. Dafür konnte der besonders fleißige Arbeiter später ein Fahrrad, Radio oder eine Nähmaschine erwerben. Auch wenn sie es aus ideologischen Motiven nicht so nannten, war dies de facto doch funktionell „Geld".

Das Paradoxe ist jedoch, dass dafür **Geld knapp gehalten** werden muss: Ansonsten funktioniert es nicht auf Dauer als allgemeines Zahlungsmittel. Wenn z.B. fiktiv Äpfel als „Geld" dienten, so würde jeder Mensch mit Garten Apfelbäume pflanzen und es gäbe sehr bald so reichlich „Geld", dass es keinen besonderen Tauschwert mehr hätte: Kein Handwerker würde für ein paar Äpfel einen Holztisch produzieren, und seinen Eigenbedarf an Äpfeln würde er natürlich selbst decken. Und die mangelnde Haltbarkeit von Äpfeln würde auch die Wertaufbewahrungsfunktion stark gefährden.

Die populistische Idee, allen Leuten „mehr Geld" zu geben, wurde z.B. in der DDR praktiziert. Deren Bürger hätten sich dafür zwar gerne ein Auto gekauft, sobald sie den „Kaufpreis" dafür zusammen hatten. Da es nicht genügend Autos gab, musste man aber viele Jahre darauf warten. Statistisch waren die „Preise" in den Verkaufsprospekten trotzdem stabil. Das nützte den Bürgern aber nichts, weil man nicht das gewünschte Gut nahe zum gewünschten Zeitpunkt bekam. Damit war die Idee des Geldes als allgemeines Tauschmittel im Alltag ad absurdum geführt.

In harten „Gütereinheiten" (Kaffee, Auto, Bananen, Zement, Fliesen, ...) war das DDR-Geld fast nichts wert. Die klügeren DDR-Bürger wussten auch um diese Tatsache, wie dessen Bezeichnung „Alu-Chip" zeigte, während der 100 DM-Schein aus der Bundesrepublik als Tarnbezeichnung „Blaue Fliese" genannt wurde und einen anderen Umtauschkurs als 1:1 hatte. „Führungskader" der SED zu sein, war oft besser, als viel vom DDR-Geld zu haben: Da bekam man das Auto und den Bohnenkaffee wegen angeblicher klassenbewusster politischer „Verdienste" deutlich schneller. Weil dann viele DDR-Bürger ihr (real fast wertloses) Geld nicht in gewünschte Güter umwandeln konnten, hielten sie oft höhere Guthaben auf der Bank. Nach der Wiedervereinigung wurde dieses „Geld" tatsächlich aus politischen Gründen (gegen den Willen der Bundesbank, weil dieser Kurs auch Ost-Arbeitsplätze gefährdete) zum Kurs 1:1 in Deutsche Mark umgetauscht.

Im römischen Reich wurde **Edelmetallgeld** verwendet, welches durch die Prägung mit dem Kaiserkopf einen garantierten Edelmetallgehalt hatte. Das nutzten später die regierenden „Soldatenkaiser" (ab 235 n.Chr.), um durch Beimischen von minderwertigen Metallen das Volk eine Zeitlang faktisch zu betrügen: Der staatliche Monopolemittent dieses „Geldes", der Kaiser und seine Günstlinge, beuteten dadurch die eigenen Bürger aus, und Inflation war die Folge.

Das erste Papiergeld mit nennenswertem Umlauf wurde bereits in China benutzt, als in Europa noch zu den Kreuzzügen aufgerufen wurde. Die Sinnhaftigkeit dafür entstand aus den hohen Kosten für Transport mitsamt den damit verbundenen Risiken von Münzen oder Edelmetallstücken sehr unterschiedlichen Gewichts.

Und selbst im 1871 neu entstandenen Deutschen Reich unter Reichskanzler Bismarck und Kaiser Wilhelm I gab es in den Anfangsjahren keine einheitliche deutsche Währung. Die Umstellung auf die „Mark" in ganz Deutschland vollzog sich erst innerhalb einiger Jahre nach der Reichsgründung.

Heute sind **Papiergeld** sowie **Buchgeld auf Bankkonten** die dominierenden Formen. **Münzen** werden durch den Finanzminister ausgegeben, der dabei jedoch an ökonomische Kennzahlen gebunden ist: Eine allzu leichte Staatsfinanzierung über die Emission beliebig vieler Münzen ist dadurch unterbunden.

Die staatliche Zentralbank (zu DM-Zeiten: Deutsche Bundesbank, heute für den Euro-Raum die **Europäische Zentralbank** EZB) soll das Geldsystem so steuern, dass einerseits eine ausreichende Geldversorgung der Wirtschaft gegeben ist, andererseits Inflation (ein Prozess mit steigendem Preisniveau) möglichst eng begrenzt wird.

Wenn ein Unternehmen (oder ein Mensch) nicht rechtzeitig genug Geld beschaffen kann, um zu einem Termin die fälligen Zahlungen (an Lieferanten, Mieten, Arbeitskräfte etc.) zu leisten, gerät es in eine „Liquiditätskrise".

Die jederzeitige Erfüllbarkeit solcher Zahlungsverpflichtungen setzt den ausreichenden Zugriff auf kurzfristig verfügbares Geld (= **Liquidität**) voraus. Das kann auch ein Dispositionskredit (Achtung: Dafür werden bei Nutzung sehr hohe Zinsen verlangt!) oder ein von der Bank ausreichend flexibel gewährter Kreditrahmen sein.

Je nach der sofortigen oder unterschiedlich schnellen Verfügbarkeit für Zahlungsvorgänge unterscheidet man beim „Buchgeld" auf der Bank
- die so genannten „**Sichteinlagen**", d.h. Guthaben bei einer Bank, über die praktisch ständig (werk-)täglich per Abheben oder Überweisung verfügt werden kann,
- **Termineinlagen** mit relativ kurzen Kündigungsfristen (z.B. Monat oder Quartal),
- **Spareinlagen,** über deren Guthaben man in der Regel nur begrenzt innerhalb eines Monats ohne nennenswerten Zinsverlust verfügen kann.

Dementsprechend gibt es auch unterschiedliche gesamtwirtschaftliche **Geldmengen**konzepte. Rückt man vorrangig die Tauschmittelfunktion in das Interesse, zählen zur so genannten Geldmenge M_1 (von Englisch: money) außer Banknoten und Münzen nur die Sichteinlagen. Sieht man auf die Wertaufbewahrungsfunktion über längere Zeit, berücksichtigt man zusätzlich auch die weniger liquiden Termin- und Spareinlagen: Es werden dann andere Geldmengenabgrenzungen M_2 und M_3 möglich.

Offenkundig ist die Forderung, die Zentralbank möge „die Geldmenge" stabil steuern, nicht so ganz einfach zu erfüllen: Welche Geldmenge ist denn gemeint?

Hinweis: Es gibt in der Politik Bestrebungen, längerfristig völlig auf **Bargeld**, d.h. Münzen und Banknoten, zu verzichten und alle Transaktionen nur noch mit **elektronischem Geld** (Sichteinlagen) durchzuführen.

Damit könnten die Banken und Sparkassen zwar erhebliche Kosten für den sicheren Transport und die Lagerung von Bargeldbeständen einsparen und die Geldpolitik könnte prinzipiell auch das Halten von „Geld" durch Negativzinsen bestrafen. Letzteres wäre jedoch ohnehin eine sehr fragwürdige Politik. Schwarzarbeit, illegale Geschäfte und Terrorismus würden dadurch aber schwieriger und die dortigen Akteure müssten auf Diamanten, Gold oder anderen „Geldersatz" umsteigen. Für Terroristen und Kriminelle ist das allerdings auch kein unlösbares Problem.

Politisch ist das aus einer freiheitlichen Sicht jedoch sehr problematisch. Man denke nur an totalitäre Regimes, die jeden Schritt ihrer Bürger überwachen wollen. Hätte Erich Honecker, der letzte DDR-Diktator, ein derartiges „Geldsystem" schon gehabt, so hätte die Stasi leicht jeden intelligenten Versuch zur Republikflucht unterbinden können. Die meisten kennen einige teils abenteuerliche Fluchten in den Westen, ob mit selbst gebautem Heißluftballon oder mit Luftmatratzen über die Ostsee. Jeder Stoffbahnen-Kauf, Tankvorgang und alle Aktivitäten wären der Geheimpolizei Stasi ausgefallen.

„Geld ist geprägte Freiheit" wie Fjodor M. Dostojewski sagte. Freiheitsrechte zu garantieren, heißt auch Bargeldnutzung weitestgehend uneingeschränkt zu gestatten!

Dass diese Befürchtung auch für westliche Staaten nicht unbegründet ist, zeigen die USA: Wer in Los Angeles etwa eine Rechnung über 500 US-$ bar bezahlt, wird entweder als Bankräuber oder als armer Hund verdächtigt, der keine Kreditkarte mehr bekommt. Soziale Selektion durch Bezahlgewohnheiten ist auch nicht sehr schön.

Ergebnis: Volkswirtschaften mit sehr vielen Gütern und unterschiedlichen Leistungen benötigen eine **Form von Geld**, um die Tauschrelationen überschaubar zu halten.

Ohne Verwendung von Geld wäre die heutige hochgradig arbeitsteilige und mit sehr vielen Gütern versorgte Wirtschaft nicht funktionsfähig. Dafür hat eine spezielle staatliche Zentralbank (für die Eurozone (€) ist dies die EZB) die Monopolmacht, den Geldumlauf zu steuern.

Die so genannten **Sichteinlagen** bei den Banken sind heute die wichtigste Form von Geld; daneben gibt es **Münzen und Banknoten**, das so genannte Bargeld.

5. Marktgleichgewicht

Nur wer etwas leistet, kann sich etwas leisten.   **Michail Gorbatschow**

In einer Marktwirtschaft, in der Haushalte, Unternehmen und Staat Geld benutzen, muss man einerseits Geldeinkommen erzielen (z.B. durch Verkauf der Arbeitskraft, Verpachtung von Land, ...), andererseits kann man Güter i.d.R. nicht unmittelbar durch Gütertausch bekommen, sondern nur gegen Geldzahlung. Wer dennoch in großem Stil Güter tauscht, z.B. eine teure Zahnarztbehandlung gegen Handwerkerdienstleistungen an dessen Einfamilienhaus, begeht i.d.R. Steuerhinterziehung.

Betrachten wir den Markt für Konsumgüter wie Bier oder Käse. Wenn ein Kilogramm Käse einer guten Qualität auf dem Markt 40 € erzielen würde, gäbe es sehr viele Bauern und Molkereien, die sich auf die Herstellung dieses Käses ausrichten würden – weil sie daran besonders gut verdienten. Umgekehrt würden die Konsumenten bei diesem recht hohen Preis eher weniger diese spezielle Sorte Käse nachfragen und lieber auf Quark, Joghurt oder andere Käsesorten ausweichen.

Wenn man es somit als plausibel ansieht, dass bei einem hohen Marktpreis für die Produzenten ein hoher Anreiz besteht, viel zu produzieren und anzubieten, und umgekehrt ein hoher Anreiz für die Konsumenten, auf andere relativ billigere Güter auszuweichen, dann kann man den so genannten **Normalverlauf** einer Angebotsfunktion und Nachfragefunktion für diesen speziellen Markt des betrachteten Gutes unterstellen:

- Bei einem sehr niedrigen Preis p ist die **Angebotsmenge y(p)** entweder gar nicht da oder gering, bei steigendem Preis bieten die Produzenten mehr Menge von dem Gut an: y(p) ist dann eine wachsende Funktion von p.[3]
- Bei niedrigem Preis p ist die **Nachfragemenge x(p)** dagegen recht hoch (bspw. führt dieser bei einem Käsepreis von 4,50 €/kg bei guter Qualität zu großer Nachfragemenge), umgekehrt ist bei hohem Käsepreis diese Nachfrage geringer: Man kann dann x(p) als eine in p fallende Kurve ansehen.

---

[3] Ökonomen schreiben aus historischen Gründen die abhängige Variable (Menge x, y) an der Abszisse, die unabhängige (p) an der Ordinate auf. Mathematiker und Ingenieure machen es i.A. genau anders herum.

Zu beiden Kurvenverläufen kann es sehr spezielle, aber gut begründbare Ausnahmen geben.

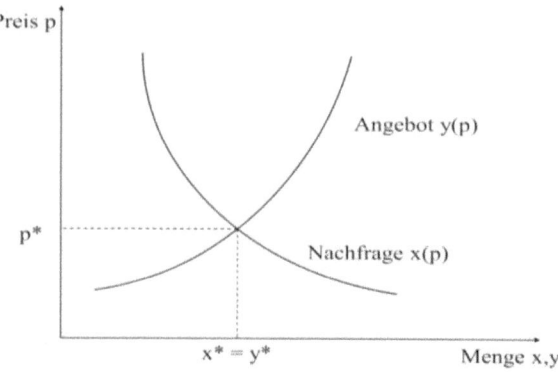

Abbildung 1: Marktgleichgewicht (p*, x*=y*)

Auf diese theoretisch denkbaren Komplikationen dieses recht allgemeinen Ansatzes muss die wirtschaftswissenschaftliche Theorie natürlich eingehen – das ist hier aber nicht zu leisten. Im Normalfall erhält man (qualitativ) das obige Angebots- und Nachfrage-Diagramm.

Bei einem höheren Preis als p* (d.h. p > p*) ist die angebotene Menge y größer als die Nachfrage x und umgekehrt bei einem niedrigeren Preis p < p*.

Dieser markträumende Preis p* kann über verschiedene Anpassungsprozesse erreicht werden. Beide Seiten in einem Markt, d.h. **Angebot und Nachfrage**, haben im Allgemeinen je einen wichtigen Einfluss auf den Gleichgewichtspreis und die zugehörige Gleichgewichtsmenge.

Auf das Marktergebnis bei nur **einem alleinigen Anbieter** (z.B. ein politisch gesetztes **Monopol** vor der Liberalisierung des Telekommunikationsmarktes) wie das der „Deutschen Post" geht das Kapitel 38 ein, weil man dort auch die enorme Wirksamkeit von noch elementarer Oberstufen-Mathematik zeigen kann.

Noch kompliziertere Fälle wie das mögliche Agieren einer geringen Anzahl von Produzenten in einem so genannten Oligopolmarkt übersteigen den Zweck und Möglichkeiten dieses Büchleins. Weil nämlich jeder einzelne Oligopolist eigene Vorstellungen und Reaktionen auf das Verhalten der wenigen Mitwettbewerber durchdenken muss und daraus wechselseitig mit den einzelnen Strategien konsistent eine Marktlösung entstehen muss, kommen hier mathematisch nicht-triviale Analysemethoden der Spieltheorie zum Zuge. Es ist dann fast wie das Problem der beiden gegnerischen Trainer beim Fußballspiel Bayern München gegen Real Madrid!

Es gibt auch eigene Probleme bei speziellen Großprojekten. Selbst wenn im letzten Fall eine Ausschreibung stattfindet, so können doch eventuell einige wichtige Parameter des Projekts (Beschaffenheit des Untergrunds, Wasserführung in bestimmten Abschnitten, technische Details der Bauausführung, ...) nicht endgültig bekannt sein. Der Auftraggeber bindet sich dann an einen Lieferanten mitsamt dessen zukünftig unvorhersehbaren angemeldeten Mehrkosten. Das gilt bspw. für ein großes Kraftwerk, eine Autobahnbrücke oder die Elbphilharmonie in Hamburg.

Bei miteinander verbundenen Märkten gleichen sich regionale Unterschiede in den Preisen i.d.R. schnell an. Andernfalls könnte man durch billigen Einkauf in Region A und fast zeitgleichen Verkauf in Region B Gewinn erzielen. Diesen Mechanismus, d.h. ein Geschäft (Kauf von X) mit fast gleichzeitigem und damit praktisch risikolosem Gegengeschäft (Verkauf von X) nennt man **Arbitrage**: Sie sorgt für das fast ständige Angleichen der (vorübergehend) regional unterschiedlichen Preise.

Hohe Transportkosten können diese Angleichung verhindern (Braunkohle, Haarschnitte, fehlende Transportwege, ...). Die besten Ausgleichsmechanismen existieren, wenn sich sehr schnell (z.B. über Computer- oder Telefonleitungen) Angebot- und Nachfrage an verschiedenen Plätzen treffen können, wie die Börsenplätze Frankfurt – London.

Ergebnis: Die Angebots- und Nachfragepläne (sehr vieler verschiedener Akteure) treffen auf einem Markt zusammen (Börse, Wochenmarkt, ...).

Nur beim Gleichgewichtspreis p^* werden Angebots- und Nachfragewünsche passend mit $x^* = y^*$ koordiniert. Unter vielen realistischen Bedingungen gibt es Anpassungsmechanismen an die Lösung $(x^*; p^*)$.

Schwerer ist die Preisbildung auf anderen Märkten mit wenigen Anbietern (Oligopol) oder mit längerer Produktionsdauer und vorher schwer zu definierenden Baudetails.

6. Die Bedeutung des Rechtsstaates

Geld macht nicht korrupt - kein Geld schon eher.
Dieter Hildebrandt

In den obigen Betrachtungen haben wir schon auf die Risiken hingewiesen, die bei einem Tausch oder auf der fiktiven Insel mit notgelandeten Passagieren bestehen könnten. Einer oder die jeweils stärkere oder bewaffnete Gruppe kann die materiell noch einigermaßen ausgestatteten Personen berauben, versklavt sie usw. Damit ist der zivile Weg des produktiven Miteinanders nicht mehr möglich.

Der Marktmechanismus setzt deshalb ein Minimum an **Rechtstaatlichkeit** und die Durchsetzung der Gesetze durch den Staat voraus. Ansonsten kann niemand Verträge abschließen, und die Planung über mehrere Perioden wird zum unabsehbaren Abenteuer, wenn man bspw. nicht sicher sein kann, dass ein heute gegründetes Unternehmen auch noch in drei Jahren den Eigentümern gehört.

Dasselbe gilt für die vielerorts verbreitete Korruption: Wenn man jede Baugenehmigung, jede Betriebserlaubnis von den korrupten Beamten kaufen muss, ist nicht nur die eigene Aktivität stets fraglich, sondern man muss ja unterstellen, dass diese korrupte Verwaltung oder Regierung auch bei meinen Geschäftspartnern ähnlich agiert: Wie könnte ich mich dann auf angeblich „geprüfte" funktionsfähige Kräne oder eine gesicherte Trinkwasserversorgung verlassen?

Diese Erfahrungen machen alle Staaten, die der staatlichen **Korruption** Spielraum lassen: Am Ende investiert kein ausländisches Unternehmen mehr in seriöse Geschäfte. Dasselbe gilt bei drohender Enteignung wegen dubioser angeblicher Vergehen. Dann wird die fehlende Rechtstaatlichkeit zum massiven Wachstums- und Entwicklungshindernis.

Dank internationaler Organisationen werden „Ranglisten" für korrupte und rechtlich unsichere Länder veröffentlicht. Für die meisten der dort lebenden Bevölkerung, die nicht an den Schalthebeln der Macht sitzen, bedeutet das Leiden und wenig Möglichkeiten auf geordnete Verhältnisse, in denen die eigenen wirtschaftlichen Anstrengungen lohnen.

Im Gegenteil: Dort bestehen eher starke Anreize, in der „richtigen Partei" zu sein, um über einen politischen Aufstieg irgendwann an den allgemeinen Korruptionserträgen beteiligt zu sein. Entweder geht man diesen Weg, de facto andere Mitbürger auszuplündern, oder als normal arbeitender Mensch ohne Zukunftsperspektive verlässt man zuletzt verzweifelt das Land.

Korruption schafft keine Werte (Häuser, Möbel, Nahrung, …), sondern verteilt sie heute über die Machtpositionen nur um. Längerfristig ruiniert sie jegliche geordnete Produktion.

Insbesondere in Ländern, die reich an Naturschätzen wie Öl, Erdgas, Diamanten oder Gold sind, sind die Anreize für korrupte Strukturen sehr hoch. In vielen Fällen hat dieser vermeintliche natürliche „Reichtum" zu Bürgerkrieg und Chaos gesorgt: Die Geschichte in Libyen, Kongo, Nigeria und anderen Staaten belegt das.

In einem geordneten Rechtsstaat wie Deutschland gibt es eine Vielzahl von **gesetzlichen Regelungen**, die das Wirtschaftsleben ordnen. Wichtige Regelungen stehen bereits im Bürgerlichen Gesetzbuch (BGB). Zusätzlich gibt es natürlich weiter spezialisierte Gesetze wie das Kartellgesetz o.ä. Entscheidend ist natürlich auch die Durchsetzung der Regeln. Dazu sind funktionierende unabhängige **Gerichte** wichtig.

Wichtig ist zudem, dass es in einem Land funktionierende Ämter zur Einziehung von Zöllen und Steuern gibt. Letztere heißen **Finanzämter**.

Diese sind jeweils für ca. 150.000 Einwohner und Unternehmen einer Region zuständig. Jeder arbeitende Bürger, ob als Selbständiger oder angestellter Arbeitnehmer, wird beim Finanzamt erfasst und muss dort Steuern bezahlen. Bei den abhängig Beschäftigten führt der Arbeitgeber die Lohn- und Einkommensteuer gleich ab. Auch wenn nur Selbständige und Immobilienbesitzer (mit einem Haus oder einer Eigentumswohnung) eine jährliche Steuererklärung abgeben müssen, so kann sich das für jedermann lohnen, wenn er mit einer Steuerrückerstattung rechnen kann.

Wer einen Grundstückskauf (ob bebaut, freies Bauland oder noch Brachland) tätigen will, kann sich in Deutschland darauf verlassen, dass es in den **Katasterämtern** der Stadt Verzeichnisse über alle Grundstücke gibt.

Und in den von den Amtsgerichten geführten „**Grundbüchern**" sind die jeweiligen Eigentümer und eventuell bestehenden Hypothekenlasten und sonstigen Einschränkungen eingetragen, wie bspw. ein Wegerecht für einen oder mehrere dahinter liegenden Nachbarn.

Dort, wo es solche Grundbücher überhaupt nicht oder nur unvollkommen gibt, ist bereits das Kaufen eines Grundstücks oder die Erhebung staatlicher Abgaben, wie bspw. der Grundsteuer, dubios.

Und wer für „Umweltschutz" ist, muss auch eine staatliche **Kontrollbehörde** akzeptieren, welche die Einhaltung der Regeln und Grenzwerte überwacht, etc.

Wem das alles zu viel an „Bürokratie" vorkommt, mag ja hier und da auch oftmals Recht haben. Dass man im Zeitalter der EDV manches ohne zusätzlichen bürokratischen Aufwand besser organisieren kann, ist unbestritten. Sehr viel ist davon bereits implementiert. Aber wenn man sich umgekehrt einen Staat ohne derartige Regeln vorstellt, dann gibt es weder praktischen Umweltschutz noch geordnete Möglichkeiten, ein Grundstück zu kaufen. Das wiederum erzeugt ebenfalls große Probleme.

Ergebnis: Jedes funktionierende Wirtschaften setzt einen staatlichen Rechts- und Ordnungsrahmen voraus. Die Gewaltenteilung in einer Demokratie ist Gewähr dafür, dass Streitfragen gerichtlich geklärt werden und nicht durch politische „Kungelei" oder Gewalt.

Rechtsunsicherheiten, Enteignungsrisiko und Korruption der staatlichen Verwaltung ruinieren hingegen langfristig orientierte wirtschaftliche Entscheidungen und wirken dauerhaft als Wachstumsbremse.

7. Wann lohnt sich eine Investition?

Das unternehmerische Risiko ist in vielen Fällen das Risiko, ein hohes Darlehen nicht zurückzahlen zu können.
Robert Muthmann

Nehmen wir an, Sie wären selbständiger Bäcker- und Konditormeister und stehen heute vor der Frage, in einen neuen Backofen, neue Einrichtungen ihres Cafés u.a. zu investieren. Den Kaufpreis der dafür insgesamt nötigen Investitionen (100.000 €) kennen Sie, ebenso den Zinssatz i Ihrer Bank (5 %) für einen Kredit.

Welche Überlegungen stellen Sie dazu an? Der Backofen lebt zuverlässig zehn Jahre. Dank einer disziplinierten Geldpolitik Ihrer Zentralbank (eine z.Z. sehr fiktive Annahme!) gehen Sie zu Recht davon aus, dass in den nächsten 10 Jahren keine Inflation herrschen wird. Das Preisniveau für ihr Mehl, Erdgas und Löhne bleibe konstant, ebenso wie die erzielbaren Preise für Backwaren.

Achtung: Dies sind sehr viele idealtypische Vereinfachungen, die zunächst zur Erläuterung der **Methode** vorgenommen werden!

Bei der **Barwert**methode **A** werden alle (erwarteten) Zahlungsströme (ZS) im Zusammenhang mit dem Projekt für jede Periode notiert. Dann werden die Überschüsse $Ü_n$ in den zukünftigen Perioden n auf den Zeitpunkt der Investition mit dem Zinssatz abdiskontiert:

Der Barwert der Überschüsse in Periode n ist $Ü_n / (1+i)^n$.
Dazu die Erläuterung anhand der folgenden Tabelle:

Aus den 14.000 € erst im Jahr 7 in der Tabelle werden dann $14.000 / 1{,}05^7 = 9950$ € heute. Ich müsste im Jahr 0 nämlich 9.950 € zu 5 % Zinssatz anlegen. Nach einem Jahr wären der Betrag auf $9.950 \cdot 1{,}05 = 10.447{,}50$ € angewachsen; nach sieben Jahren auf $9.950 \cdot 1{,}05^7 = 14.000$ €.

Die einzige nicht abdiskontierte Zahlung ist hier der Investitionsbetrag von 100.000 € in der Ausgangsperiode 0.

Alle anderen Aus- und Einzahlungen müssen durch Abzinsung auf **eine** Periode umgerechnet werden. Praktischerweise wählt man dazu den Investitionszeitpunkt.

Das Projekt dieses Konditormeisters sei im folgenden beschrieben:

Investition (inkl. Bauzinsen etc.) im Jahr 0   100.000 €
Lebensdauer der Anlage in Jahren   10 Jahre
Erlöse aus Produktion jährlich   20000 €
Laufende Betriebskosten jährlich   6000 €
Zinssatz i   5,0 %

Methode A: Alle Zahlungsströme aufschreiben

	Auszahlg.	Einzahlung	Überschuss	abdiskontiert
0	- 100.000 €	- €	- 100.000 €	- 100.000 €
1	- 6.000 €	20.000 €	14.000 €	13.333 €
2	- 6.000 €	20.000 €	14.000 €	12.698 €
3	- 6.000 €	20.000 €	14.000 €	12.094 €
4	- 6.000 €	20.000 €	14.000 €	11.518 €
5	- 6.000 €	20.000 €	14.000 €	10.969 €
6	- 6.000 €	20.000 €	14.000 €	10.447 €
7	- 6.000 €	20.000 €	**14.000 €**	9.950 €
8	- 6.000 €	20.000 €	14.000 €	9.476 €
9	- 6.000 €	20.000 €	14.000 €	9.025 €
10	- 6.000 €	20.000 €	14.000 €	8.595 €
		Barwert:		**8.104 €**

Wenn der Barwert aller erzielbaren Überschüsse in den nächsten zehn Jahren deutlich positiv ist, lohnt sich die Investition. Sollte der Barwert Null oder gar negativ sein, sollte man diese Investition nicht tätigen.

Eine zunächst scheinbar andere Kalkulationsmethode besteht darin, die Kosten für die Investition nach der so genannten „**Annuitäten-Methode**" B mit einer über zehn Jahre konstanten Zins- und Tilgungszahlung auf Jahreswerte umzulegen. Das wäre z.B. bei einem so genannten „Leasing"-Vertrag die über zehn Jahre aufzubringende jährliche Leasing-Rate.

Diese errechnet sich nach einer aus einer geometrischen Reihe gewonnenen Formel wie folgt:

$$A(n; i) = \frac{i}{1-(1+i)^{-n}}.$$

Für den Zinssatz von i = 5 % = 0,05 und Lebensdauer n = 10 Jahre ergibt sich dann eine **Annuität** von:

A (10; 0,05) = 0,1295 = **12,95 %**. Anstatt der Investitionsausgabe von 100.000 € in Periode 0 wird jetzt stattdessen eine **jährlich konstante kalkulatorische Kapitalkosten-**

belastung in Höhe von 12.950 € angesetzt: Hier sind dies 12.950 € für Zins +Abschreibungen auf den Verschleiß der Maschinen.

Zusammen mit den jährlichen Betriebskosten für das Projekt (6.000 € p.a.) ergibt sich ein jährlicher Ausgabenwert von 18.950 €. Im Barwert sind jedoch die beiden Methoden A und B äquivalent, wie der Vergleich zeigt.

Methode B: annuitätische Verteilung / Zins und Tilgung

	Auszahlg.	Einzahlung	Überschuss	abdiskontiert
0	- €	- €	- €	- €
1	- 18.950 €	20.000 €	1.050 €	1.000 €
2	- 18.950 €	20.000 €	1.050 €	952 €
3	- 18.950 €	20.000 €	1.050 €	907 €
4	- 18.950 €	20.000 €	1.050 €	863 €
5	- 18.950 €	20.000 €	1.050 €	822 €
6	- 18.950 €	20.000 €	1.050 €	783 €
7	- 18.950 €	20.000 €	1.050 €	746 €
8	- 18.950 €	20.000 €	1.050 €	710 €
9	- 18.950 €	20.000 €	1.050 €	677 €
10	- 18.950 €	20.000 €	1.050 €	644 €
		Barwert:		**8.104 €**

Hinweis: In dem sehr simplen obigen Zahlenbeispiel wurden eine konstante Produktion der Anlage über 10 Jahre und auch real konstante Erlöse dafür unterstellt.

Die gleiche Rechnung mit einer konstant angesetzten Belastung für Zins+Tilgung nimmt eine **Bausparkasse** für eine zugeteilte Hypothek vor. Bei 5 % Zinssatz und 25 Jahren Tilgungszeit muss der Bauherr für 100.000 € mit A(25; 5 %) = 7,095 %, d.h. jährlich mit 7095 € rechnen.

Man beachte, dass dann im ersten Jahr die Zinszahlung auf die 100.000 € fast 5000 € beträgt, die Tilgung hingegen nur etwa 2100 €. Im nächsten Jahr sind die 5 % nur für 97.900 € fällig, also knapp 4900 €. Getilgt werden jetzt etwa 2200 €, so dass die Restschuld danach nur noch rund 95.700 € beträgt. Im letzten 25. Jahr sind wieder 7095 € fällig; dieses Mal aber nur noch etwa 350 € Zinsen und 6745 € als letzte Tilgung; danach ist die Hypothek getilgt.

Die annuitätische Rechnung ist also zur Abschätzung der konstanten jährlichen Belastung bis zur endgültigen Tilgung vorteilhafter, weil sie die Abzahlung des Kredits (mit einer konstanten Rate aus Zins + Tilgung) abbildet.

Und wenn das Geschäft im obigen Bäcker-Beispiel einmal nicht gut läuft – die konstant 12.950 € hat man dann kalkulatorisch jedes Jahr an der Backe.

n / i	2,00%	4,0%	6,0%	8,0%	10,0%
5	21,22%	22,46%	23,74%	25,05%	26,38%
7,5	14,49%	15,70%	16,95%	18,24%	19,58%
10	**11,13%**	**12,33%**	13,59%	14,90%	16,27%
15	7,78%	8,99%	10,30%	11,68%	13,15%
20	6,12%	7,36%	8,72%	10,19%	11,75%
25	5,12%	6,40%	7,82%	9,37%	11,02%

Tabelle: Annuitäten für verschiedene Zinssätze

Man sieht: Selbst ein extrem niedriger Zinssatz wie 2,0 % führt bei einem Projekt über 10 Jahre zu einer annuitätischen Belastung von 11,13 %.

Eine Verdoppelung dieses Zinssatzes auf 4,0 % erhöht die jährliche Belastung lediglich um rund 1,2-Prozentpunkte. Das ergibt bei 100.000 € Kredit genau 1200 € jährliche Mehrkosten, d.h. 100 € monatlich. Der Grund ist ganz einfach: Der Kredit muss ja letzten Endes über die 10 Jahre wieder zurückgezahlt werden! Selbst bei einem fiktiven Zinssatz von nur NULL müsste man mit 10 % Belastung jährlich rechnen.

Hinweis: Dies zeigt die wirtschaftspolitische Sinnlosigkeit der derzeitigen Geldpolitik der EZB mit extremen Niedrigzinsen. Sobald man die Rückzahlungspflicht ernst nimmt, bewirkt sie faktisch sehr wenig zur Belebung von Investitionen, wenn die sonstigen Rahmenbedingungen für eine Investition nicht stimmen. Letztere können bereits bestehende hohe Schulden verursachen oder zu pessimistische Absatzerwartungen, ein schlecht funktionierender Rechtsstaat, deutlich zu hohe Löhne oder ganz andere realwirtschaftliche Gründe sein.

Ein weiteres **Beispiel** für ungünstige Rahmenbedingungen, die durch staatliche Entscheidungen entstanden, findet sich im deutschen Energiebereich:

Wäre heute bspw. in Deutschland ein Neubau eines Kohlekraftwerks zu kalkulieren, so müsste man ab der Inbetriebnahme wegen des politisch gewünschten Rückgangs der Kohleverstromung von einer künftig schrumpfenden Jahresstrommenge, also zukünftig fallenden Überschüssen ausgehen.

Dann rechnet sich der Neubau einer technisch besseren Anlage mit deutlich geringeren CO_2-Emissionen pro kWh auch bei niedrigen Zinsen nicht mehr: Alte Anlagen müssen deswegen zur Sicherung der Stromversorgung im Bestand bleiben, was im Ergebnis dem politischen Ziel, die CO_2-Emissionen reduzieren zu wollen, widerspricht. Hier ist das Investitionshemmnis der politisch gewollte langfristige Rückgang des Beitrags der Kohleverstromung.

Im realen Leben sind diese sehr einfachen Annahmen für stabile Prognosen im Allgemeinen nicht gegeben. Ein Investor muss zusätzlich steuerliche Aspekte, zulässige Abschreibungen, Risiken bei bestimmten Rohstoffen, Möglichkeit neuer Konkurrenzprodukte etc. in seine Kalkulation aufnehmen.

Auf die Probleme schwach positiver Inflationsraten wird nachfolgend noch eingegangen.

Ergebnis: Wenn es einen positiven Zinssatz i gibt, sind 100 € heute nicht dasselbe Ergebnis wie 100 € in zwei Jahren, denn $(1+i)^2 \neq 1{,}00$. **Zahlungen zu verschiedenen Zeitpunkten** müssen durch eine Abdiskontierung auf eine einheitliche Zeitperiode miteinander vergleichbar gemacht werden. Ansonsten vergleicht man Äpfel und Birnen.

Zur Beurteilung der Wirtschaftlichkeit eines Projektes gibt es alternativ die brutal einfache **Barwertmethode** aller (prognostizierten) Ein- und Auszahlungen (A) oder die **annuitätische Verteilung der Kapitalkosten** (für Zins und Tilgung = Methode B) über die gesamte Lebensdauer.

Der Barwert von Methode B liefert dasselbe Ergebnis wie bei Methode A.

Beide Methoden sind alternativ gut in einer EXCEL-Tabelle zu benutzen.

8. Wie entsteht Inflation?

Wenn die Regierung das Geld verschlechtert, um alle Gläubiger zu betrügen, so gibt man diesem Verfahren den höflichen Namen Inflation. George Bernhard Shaw

Nach der Entdeckung Amerikas durch Kolumbus 1492 und die anschließende schrittweise Eroberung des neuen Kontinents durch die spanischen Conquistadores wurden ganze Schiffsladungen von „echtem" **Gold** nach Spanien geschafft und zu einem großen Teil als Goldmünzen durch den spanischen König in Umlauf gebracht. Dieser kassierte dadurch zwar den sogenannten Münzgewinn und konnte damit seine Armee besser bezahlen oder ein neues Schloss bauen lassen.

Da es aber zu keinem deutlichen Wachstum der gesamten **Güter**menge in Europa kam und etwa gleichzeitig auch recht große **Silber**funde in Mitteleuropa dort ebenfalls die Münzemissionen anwachsen ließ, wurde Europa mit „echten" Gold- und Silbermünzen geflutet, was aber nur einen **Inflations**schub, d.h. eine länger andauernde Phase steigender Preise auslöste. Real in Gütern waren jedoch die Münzemittenten zeitweilig besser gestellt worden – analog zu den Soldatenkaisern in Rom.

Dieses Beispiel widerlegt den verbreiteten Irrglauben, Inflation ließe sich leichter durch ein Gold- oder Silbergeldsystem vermeiden. Man hängt dann an der Ergiebigkeit der Gold- und Silberbergwerke oder wie vor 400 - 500 Jahren die Könige an der Plünderung von Kolonien.

Inflation beschreibt einen Prozess anhaltender Anstiege eines (möglichst für die Konsumenten repräsentativen) Preisindex. Dabei können die Preise von einzelnen Gütern durchaus konstant bleiben oder sogar fallen. Entscheidend ist der Anstieg im "gewichteten Durchschnitt" aller relevanten Preise. Spiegelbildlich beschreibt **Deflation** einen anhaltenden Prozess „im Durchschnitt" fallender Preise.

Dabei erhebt das Statistische Bundesamt auch spezielle Preisindices wie für die Lebenshaltung von Kindern und Jugendlichen oder für Rentner. Diese Indices sind bspw. für Unterhaltszahlungen für Kinder oder für Lebensstandardbewertungen älterer Menschen nötig. Diese Konsumentengruppen weisen einen vom Durchschnitt der Haushalte abweichenden Warenkorb auf: So kaufen Kinder keine Autos oder technische Geräte wie Bohrmaschinen oder ähnliches, Rentner selten Skateboards.

Kraftstoffe und Heizöl haben im normalen Konsumenten-Warenkorb eine sehr hohe Bedeutung. Wenn dann der Rohölpreis stark fällt (wie von Herbst 2014 bis 2016), weil das Ölangebot auf dem Weltmarkt die Nachfrage (vorübergehend) übersteigt, dann ist das noch längst **kein** Zeichen für eine **Deflation**sgefahr: Der Rückgang des Preisindex müsste anhaltend sein, also von einer längerfristig wirkenden Ursache ausgehen.

Durch geldpolitische Instrumente mit Zins- und Mengensteuerung versuchte die (staatliche) Zentralbank – dies ist im Euro-Raum heute die Europäische Zentralbank (EZB) – bisher, das Geldsystem und den Geldumlauf so zu steuern, dass „Geldwertstabilität", d.h. eine rechnerische Inflationsrate zwischen 0 und 2 % p.a. erreicht wird. Wegen der Messprobleme für die Ermittlung der exakten „Inflationsrate" wird das pragmatisch als sinnvoll angesehen.

Die Messprobleme liegen in der Art des gebildeten Index und der tatsächlichen Erhebung realer Preise. Bei ersterem wird trotz der relativen Verteuerung bestimmter Güter angenommen, dass die Konsumenten unverändert den gleichen Warenkorb wie im Basisjahr kaufen: In der Realität muss man jedoch mit einem teilweisen Wechseln zu den weniger teuer gewordenen Gütern rechnen. Bei der Erhebung der tatsächlich bezahlten Güterpreise sind es völlig neue Güter oder Sonderangebote und Rabatte, welche die Statistik verzerren können.

Ähnlich wie bei Polizei oder Landesverteidigung besteht heute also ein politisch gesetztes (und durchaus sinnvolles) Monopol des Staates auf die Steuerung der Schaffung von Geld. Ob und wie dies immer gelingen kann, ist Thema einer Spezialvorlesung. Der Zentralbank steht unmittelbar das gesamte Bankensystem (d.h. Privatbanken, Genossenschaftsbanken, Sparkassen, …) als wichtigster Partner und Mittler in diesem Prozess gegenüber.

Besonders schlimm wirkten sich historisch bisher zwei Formen staatlichen Fehlverhaltens aus:

a) In großen **Kriegen** fallen ja viele Ressourcen für die Produktion ziviler Güter (Nahrungsmittel, Handwerks- und Industriegüter, …) aus. Der Staat muss aber seine Soldaten und das Kriegsgerät bezahlen. Dies könnte er durch starke Steuererhöhungen für die Bevölkerung erreichen, wonach bei den Bürgern wohl sehr schnell die Kriegsbereitschaft nachließe: Sie hätten ja die enormen Kosten sofort unmittelbar zu tragen. Stattdessen wurden Anleihen bei den Bürgern gezeichnet mit dem staatlichen Versprechen, nach dem so sicheren „glorreichen Sieg" diese mit Zinsen durch Ausplündern des besiegten Landes zurückzuzahlen. Offensichtlich konnte dies bestenfalls für eine Seite noch gut gehen – in den meisten Fällen nicht einmal das.

Nach dem 1. Weltkrieg (1914 – 18), der im Kern durch die Ausgabe solch staatlicher Anleihen finanziert worden war, kämpfte die bürgerliche Regierung der Weimarer Republik im durch Frankreich besetzten Ruhrgebiet auf verlorenem Posten und weitete dann die Geldmenge durch die **staatliche Notenbank** so stark aus, dass schließlich im Herbst 1923 ein Brot eine Milliarde Mark kostete.

Faktisch führte diese Inflation zu einer Enteignung all derer, die noch Anleihen oder anderes Geldvermögen in Mark besaßen: Ein Vermögen von etwa 30.000 Mark, was 1915 noch der Preis eines Hauses war, war jetzt nicht einmal eine Scheibe Brot wert. Reale Gewinner waren eindeutig der Staat, der seine hohen Nominalschulden bei den eigenen Bürgern los wurde und andere, die sich rechtzeitig US-Dollar, englische Pfund oder ein Haus gekauft hatten.

b) Wenn der Staat die Notenbank quasi als **Abteilung des Finanzministeriums** betreibt, resultiert die permanente Versuchung, es den römischen Soldatenkaisern gleich zu tun. Anstelle sich durch Steuern oder in zulässigem Umfang durch Staatsanleihen bei den eigenen Bürgern das Geld für langfristige Aufgaben und Investitionen zu beschaffen, veranlasst der Staat eine ständige Ausweitung der Geldmenge durch die Notenbank. Er kassiert den Geldschöpfungsgewinn und vermeidet so scheinbar eine Steuererhöhung. Faktisch steigt in solchen Ländern das Preisniveau, und das wirkt dann real für die Bürger doch wie eine Steuer.

Diese Praxis ist ein verbreitetes Problem auch für viele Staaten der Dritten Welt, in denen häufig die Institutionen für eine wirkungsvolle Steuererhebung fehlen – dann dient eben als Ersatz die „Notenpresse".

Die Einführung von Geld erleichtert also den Tausch heute, birgt aber die Gefahr, dass die staatlichen Instanzen auf der Zeitachse morgen das Geld entweder aus Unverstand leichtsinnig ausweiten oder sogar absichtlich entwerten, um eigene Schulden real zu mindern. Zukunftsvorsorge und langfristige Planung werden dadurch für Bürger, Handwerker und Unternehmen erschwert.

Inflation kann natürlich auch durch **realwirtschaft**liche Faktoren ausgelöst werden (z.B. anhaltend steigende Öl- und Rohstoffpreise in Euro). Durch Starrheiten des Preissystems als Ganzes vor allem nach unten, wofür wiederum eine ganze Reihe von Faktoren verantwortlich sein kann, unterbleibt eine flexible Anpassung der Tauschrelationen.

Die besonders betroffenen Sektoren (im Beispiel oben: Raffinerien oder chemische Industrie) müssen aber ihre Großhandelspreise in Euro erhöhen. Wenn dann kurzfristig nicht mit Einsparung oder Ersetzen durch andere Güter reagiert werden kann, steigen die Preise dieser unmittelbar betroffenen Gütergruppen (Benzin, Grundstoffchemikalien, …), was zunächst einen Inflations**impuls** auslöst.

Fordern dann die Gewerkschaften als Ausgleich aus ihrer Sicht verständlicherweise höhere Löhne und kann die Zentralbank aus guten Gründen die Flexibilität der Geldschöpfung kurzfristig nicht jederzeit strikt eingrenzen, so dass durch den realen Impuls letztlich die Kreditvergabe und Geldmenge steigt, dann entsteht ein Inflationsprozess.

Einen derartigen Effekt beobachtete man in Deutschland nach der ersten Ölpreiskrise ab Herbst 1973. Die Deutsche Bundesbank konnte das Wirken des Inflations**impulses** zunächst nicht verhindern, der dann durch massive Lohnerhöhungen ab Anfang 1974 verstärkt wurde. Als sie dann doch sehr stark auf die geldpolitische Bremse trat, führte das in der Folgezeit in eine Krise mit Konjunktureinbruch und Arbeitslosigkeit.

Auch wenn somit Inflation nur in Geldwirtschaften auftreten kann, so ist eine vom Staat absichtlich herbeigeführte Geldmengenexpansion nur eine mögliche Ursache. Im obigen realwirtschaftlich ausgelösten Beispiel steigt statistisch die Geldmenge auch, aber das erfolgt hier eher passiv als Folge geänderter realer Bedingungen in einem System aus Zentralbank, privaten Banken und Unternehmen, das verständlicherweise auch ein wenig Flexibilität für die Funktionsweise in einer Marktwirtschaft braucht.

Nur mittel- bis längerfristig kann die Zentralbank die Geldmenge so verknappen, dass der Inflationsprozess gestoppt würde, wie es die Deutsche Bundesbank 1974/75 praktizierte – allerdings um den Preis einer verstärkten Krise und steigender Arbeitslosigkeit. Wegen hrer geldpolitischen Glaubwürdigkeit nahm die Bundesbank damals dennoch diese doch brutalen (Brems-)Effekte in Kauf.

Danach versuchte sie diesem kurzfristigen Dilemma zwischen den Politikzielen Preisniveaustabilität einerseits und Vermeidung von Arbeitslosigkeit andererseits, in welches sie bei zu hartem Bremsen geriet, zu entkommen: In den Folgejahren kündigte sie deutlicher als 1973/74 ihre künftige Strategie frühzeitig an und verstetigte diese.

Hinweis: Die Deutsche Bundesbank und auch in den ersten Jahren die Europäische Zentralbank EZB strebten eine Inflationsrate möglichst im Korridor von **Null** bis maximal **2 % jährlich** an.

Die Politik des EZB-Präsidenten Draghi seit 2014 ist jedoch davon geprägt, **genau 2 %** anzusteuern, was de facto eine Schwankung in einem Korridor für die Inflationsrate von 1 bis 3 % impliziert und damit das ursprüngliche Ziel der Geldwertstabilität schon deutlicher aufweicht. Begleitet ist dieses neu interpretierte Ziel seit März 2015 von einer sehr expansiven Geldpolitik, die es vor allem den (südlichen) EU-Staaten und –Banken leichter machen soll, an Zentralbankgeld zu kommen. Längerfristig wird dadurch jedoch ein nicht zu unterschätzendes Potential für einen Inflationsprozess angelegt.

Ergebnis: Inflation kann sowohl durch zu lockere Geldpolitik des Staates über die jeweilige Zentralbank als auch durch realwirtschaftliche Ursachen entstehen. Besonders dramatische Inflationen sind historisch oft nach großen Kriegen zu verzeichnen.

Eine mittelfristig glaubwürdig sehr disziplinierte Geldpolitik kann Inflation vermeiden helfen.

Insbesondere in Deutschland ist die Sorge vor der Inflation besonders ausgeprägt: Die Inflation bis Herbst 1923 (in Folge des 1. Weltkrieges und der starken Geldvermehrung durch die Zentralbank) und die Währungsreform im Juni 1948 (als Folge des 2. Weltkrieges) ist in den Erinnerungen haften geblieben samt der teils katastrophalen Wirkungen für das Vermögen der Bürger des Landes.

9. Warum ist Inflation schlecht?

Inflation ist ... umso mehr ein Problem, je größer die Erwartungsfehler sein können. **Der Autor**

Eine länger dauernde Inflation verändert wichtige Größen in einer Volkswirtschaft. Man denke an einen alten Spielfilm der 50er Jahre, wo sich zwei junge Männer um die junge Sophia Loren streiten. Das zerrissene hochwertige Hemd des einen war immerhin 200 Lire wert. Für diesen Betrag konnte man über 40 Jahre später im Jahre 1998 kaum ein Schulheft kaufen. Über der Zeitachse zu rechnen und zu vergleichen, wird also bei länger anhaltender Inflation sehr schwierig.

Die drei oben genannten Geldfunktionen sind bei nur geringen Inflationsraten von deutlich unter 5,00 % p.a. nur wenig gefährdet. Die sehr große Inflation in Deutschland 1923 hat aber gezeigt, dass ein anfangs noch scheinbar relativ „harmloser" Inflationsprozess schnell aus dem Ruder laufen kann. Dann ist der Zusammenbruch des gesamten Geldsystems mit allen üblen Folgen für Besitzer nominell festgeschriebener Schuldtitel (Sparbücher, Anleihen des Staates, Pfandbriefe, ...) und für ökonomische Transaktionen nicht mehr abzuwenden.

Aber es reagieren auch andere Größen wie Lohnforderungen der Gewerkschaften oder auch der Nominalzins einer Volkswirtschaft. Die Beschäftigten und die Sparer sind ja auch nicht blöder als die übrige Welt und verlangen mittelfristig einen **Inflationsausgleich**. Das erfuhren Staaten mit einer „traditionell" hohen Inflationsrate: Deren Nominalzinsen lagen oft dauerhaft deutlich über denen Deutschlands, und die Gewerkschaften forderten aus Sorge viel.

So müssen Geldanleger bei einer Inflationsrate von 5 % einen höheren Nominalzins verlangen. Betrug der inflationsfreie Zins ursprünglich 3 % (das ist auch der Prozentsatz, um den man nach einem Jahr mehr Güter erhält, d.h. der **Realzins**), so muss der Nominalzins für geliehenes Geld auf nunmehr 8,15 % ansteigen[4], um die gleiche reale (in Gütereinheiten) Verzinsung zu erreichen wie vorher:

---

[4] Dieser Zinssatz ergibt sich aus der Formel $i_{nominal} = (1{,}03)*(1{,}05) - 1 =$

Aus 100 Geldeinheiten heute werden in einem Jahr 108,15. Davon muss man angesichts der um 5 % höheren Preise 105 Geldeinheiten als **real** (in Gütereinheiten) gesichertes Vermögen ansehen. Die verbleibenden 3,15 Geldeinheiten, die man als „Verzinsung" ausgeben will, ergeben beim neuen Preisniveau genau 3 Gütereinheiten. Real hat man nur mit diesem angepassten Nominalzins einen perfekten Inflationsschutz sowohl für das Vermögen als auch das Einkommen erreicht.

Wenn sich die Sparer mit dieser Nominalzinsanpassung eventuell real retten könnten, wo liegt dann ein Problem? Offensichtlich muss dafür spiegelbildlich ein Kreditnehmer nominal höhere Zinsen bezahlen.

Das könnte bspw. für einen Einfamilienhausbesitzer gelten, dessen mehrjährige Zinsbindung der Hypothek gerade jetzt ausläuft. Statt wie bisher 3 % muss er wegen der seit einigen Jahren herrschenden Inflation jetzt 8,15 % (inflationsgesichert) bezahlen.

Wenn seine Hypothek nur 240.000 € beträgt, musste er bisher 7.200 € Zinsen im Jahr bezahlen, monatlich 600 €. Bei einem unterstellten monatlichen Nettoverdienst von 2800 € ist er mit 21,4 % Zinsen belastet. Zuzüglich einer geringen Tilgung von 200 € erscheint das tragbar (insgesamt 28,6 %). Er rechnete mit einem weiteren beruflichen Aufstieg in 5 – 10 Jahren, und wollte dann höher tilgen.

Durch eine Gehaltsanpassung in der Inflation steigt zwar sein Netto-Einkommen in der nächsten Periode etwa um 130 €. Ab Datum der Zinsanpassung muss er jetzt aber 1630 € + 200 € Tilgung monatlich aufbringen, d.h. jetzt über 60 % des neuen Nettoeinkommens. Es kann ihn kaum trösten, dass auch sein Haus mit der Inflation jährlich um einige Tausende € wertvoller wird – er will ja noch viele Jahre mit seiner Familie darin wohnen. Die Bank lässt sich mit den höheren Zinsen auch nicht auf 25 Jahre später vertrösten.

Erst dann wollte er das Haus ja frühestens verkaufen.

Mit anderen Worten: Die durch diese Inflation verursachte Nominalzinserhöhung verlangt von ihm, laufend aus seinem Einkommen real doppelt so viel für seine Zinsen aufzubringen wie vorher. In der Ökonomensprache heißt das:

$1 + 0{,}0815 - 1 = 0{,}0815 = 8{,}15\ \%$. Man beachte „x %" heißt „x von Hundert" oder „x Hundertstel".

Der **Liquiditätseffekt** der Nominalzinsanpassung bringt diese eigentlich „solide" Familie in allergrößte Schwierigkeiten, ja eventuell sogar in den Ruin und den Zwang, das für ein Leben geplante Haus jetzt verkaufen zu müssen. Und das bei den jetzt sehr hohen Zinsen, wo ein Teil der potentiellen Nachfrager vor einem Hauskauf eher zurückschreckt.

Ob der Nominalzinssatz jederzeit sich so anpassen kann, liegt auch an der Geldpolitik, Erwartungsverzögerungen und anderen vorübergehenden Starrheiten des Systems. Aber selbst dann wären wieder umgekehrt die Sparer real Verlierer in der Inflation!

Aber es gibt auch Rentner oder Studenten mit Bafög-Stipendium. Diese werden in der Fachsprache **Transfereinkommen**sbezieher genannt. Sie erhalten Geldeinkommen ohne aktuelle direkte Gegenleistung. Bei den Studenten hofft man, dass sie später gute Brückenbauer oder Physikerinnen werden und damit der Gesellschaft etwas zurückgeben; Rentner haben dies schon während ihrer Berufstätigkeit einige Jahrzehnte früher getan.

Deren laufendes Einkommen kann real nur gesichert werden, wenn es regelmäßig an die Inflation angepasst wird. Beim Bafög für Studierende ist das von einer politischen Entscheidung abhängig, die angesichts notorisch klammer Kassen des Staates höchstens verzögert erfolgt. Damit ist diese Gruppe der Studierenden mit Bafög häufiger Inflationsverlierer.

Bei den Rentnern ist das nicht ganz so einfach. Es gibt Rentner, die erst vor kurzer Zeit in den Ruhestand gegangen sind und solche, die schon lange Zeit Rente beziehen. Wenn die Inflationsraten der letzten sechs Jahre 0 %, 4 %, 5 %, 6 %, 4,5 % und 2 % waren, wer gewinnt dann, wer verliert real?

Wenn ich erst nach dem vierten dieser Jahre pensioniert werde und vorher als Arbeitnehmer jedes Jahr eine Lohnanpassung erlebte, dann wird die Inflationsbeschleunigung der ersten drei Jahre mit Verzögerung meine Rente noch mit hoch gehen lassen; ich gewinne eventuell real sogar, weil danach die Inflationsrate fällt.

Wenn ich hingegen bereits im ersten Jahr in Rente gegangen bin, bekomme ich von den (inflationsbedingten) Gehaltsanpassungen der Aktiven erst verzögert eine etwas höhere Rente: Dann bin ich Inflationsverlierer.

Mein individueller Zeitpunkt der Pensionierung kann darüber entscheiden, ob ich als Rentner Verlierer oder Gewinner einer Inflationsphase mit wechselnden Inflationsraten bin. Über diese Lotterie für Rentner ist aber nie politisch – beispielsweise durch eine Entscheidung des Bundestages - so entschieden worden – es geschieht nur faktisch.

Auch die Planung einer Investition z.B. bei der Installierung einer neuen Maschine wird jetzt um eine wichtige Einflussgröße komplizierter.

nominale Rechnung		3,00%	Inflationsrate
Ausgaben	Einnahmen	Überschuss	Barwert
100.000 €	- €	-100.000 €	-100.000 €
6.180 €	20.600 €	14.420 €	13.333 €
6.365 €	21.218 €	14.853 €	12.698 €
6.556 €	21.855 €	15.298 €	12.094 €
6.753 €	22.510 €	15.757 €	11.518 €
6.956 €	23.185 €	16.230 €	10.969 €
7.164 €	23.881 €	16.717 €	10.447 €
7.379 €	24.597 €	17.218 €	9.950 €
7.601 €	25.335 €	17.735 €	9.476 €
7.829 €	26.095 €	18.267 €	9.025 €
8.063 €	26.878 €	18.815 €	8.595 €
			8.104 €

Wir benutzen das Beispiel aus dem obigen Kapitel 7 mit einer Inflationsrate von 3 % und einem (Real-) Zinssatz von 5 %. Dann steigen die laufenden Einnahmen und Ausgaben in der Zukunft an. Wie man sieht, unterscheiden sich die reale Rechnung zur Wirtschaftlichkeit einer geplanten Investition in Höhe von 100.000 € von der mit konstant unterstellter Inflation (3 %) und dementsprechend **angepassten Nominalzinssatz von hier 8,15 %** im Barwertergebnis überhaupt nicht.

Man darf nur die beiden Formen der Rechnungen nicht „mischen". Wer mit (inflationsbedingt) höheren Nominalzinsen rechnet, darf auf der anderen Seite nicht Löhne, Rohstoffe und auch Erlöse nominal konstant rechnen: Das wäre methodisch absoluter Unsinn.

Aber der Investor sieht sich mit konstant erwarteter Inflation von 3 % p.a. einem deutlich höheren Nominalzinssatz von 8,15 % gegenüber. Wenn er heute diesen auf zehn Jahre festschreibt, aber die Inflation später dann doch geringer ausfällt, dann kommt zum ohnehin normalen (realen) Geschäftsrisiko noch das gesonderte Risiko unvorhersehbar schwankender Inflationsraten hinzu: Man sehe auch das obige Beispiel mit dem Häuslebauer, der Liquiditätsprobleme bekommt.

Dem ohnehin und generell immer bestehenden (Markt-) Risiko fügt die Inflation ein zusätzliches Planungsrisiko hinzu. Nicht nur wegen der drohenden Geldzerrüttung in einem sich dramatisch beschleunigenden Inflationsprozess und wegen der negativen Umverteilungseffekte ist also eine sehr disziplinierte Geldpolitik wünschenswert, sondern auch wegen der Stabilisierungswirkungen für langfristige Investitionsentscheidungen.

Ergebnis: Eine sehr mäßige Inflation beschädigt die Geldfunktionen i.A. mangels besserer Alternativen gering. Jede Inflation hat Umverteilungswirkungen, wobei Transfereinkommensbezieher (Bafög, Wohngeld, Kindergeld, …) tendenziell oft Verlierer sind.

Bei anderen Gruppen hängt ihre relative Position von der Anpassungsgeschwindigkeit ihrer Einkommen ab.

Die Wirtschaftlichkeit eines sehr langfristigen Projekts (Haus, Staudamm, Kraftwerk, …) wird am besten durch eine reale Rechnung überprüft. Dazu muss man allerdings realwirtschaftliche Effekte (z. B. Ölpreisanstieg deutlich über der Inflationsrate), die man für die Zukunft erwartet, von der allgemeinen Inflationsrate gedanklich trennen.

10. Lassen sich alle Güter auf Märkten handeln?

Wem gehört der Schnee? *Internet-Diskussion*

Ein bestimmtes Gut, das von einem Unternehmen oder Handwerksbetrieb produziert und auf einem Markt verkauft wird, muss bestimmte Bedingungen erfüllen. Derjenige, der das Gut erwirbt, muss auch das alleinige Nutzungsrecht dafür haben – sonst unterbleibt ein Kauf.

Man stelle sich die Situation beim Bäcker vor, wenn beim Kuchenkauf ein zweiter Kunde auch von diesem Stück abbeißen dürfte. Ich als Käufer muss ihn von diesem Akt ausschließen können, sonst würde ich den „Kauf" verweigern. Private Güter (zum Beispiel Auto, Kuchen oder Turnschuhe) können im bilateralen Tausch **individuell angeeignet** und auch **alleine genutzt** werden. Derartige Güter sind dann perfekt auf Märkten handelbar.

Ausschluss möglich → Gemeinsame Nutzung ↓	Ja	Nein
Ja	**Clubgüter** (Ballett im Sportverein Trainingsteilnahme nur für Mitglieder) → Clubs zulassen.	**Öffentliche Güter** (Deichschutz für viele Menschen) → Bereitstellung durch alle Betroffenen nötig.
Nein	**Private Güter** (Fahrrad, Bier, Käsebrot, Restaurantessen, …) → **Markt** als gute Lösung geeignet.	**Allmende – Güter** (gemeinsam genutzte Viehwiese im Dorf) → gemeinsame Spielregeln?

Wenn aber bei individueller Nicht-Zahlung trotzdem kein **Ausschluss von der Nutzung** möglich ist, wie z.B. Deichschutz für einen 500 m landeinwärts liegenden Bauernhof, benötigt man andere Regelungen.

Jeder einzelne möchte zwar Deichschutz haben, aber am liebsten andere dafür bezahlen lassen. Bei Befragen wird er nicht seine wahre Beitragswilligkeit offenbaren, wenn er weiß, dass er danach entsprechend bezahlen muss: Dann untertreibt er seine Zahlungsbereitschaft. Hingegen übertreibt er diese, wenn er davon ausgehen kann, dass der nötige Deich letztlich doch aus einem großen von allen Bürgern des Landes gespeisten Topf (wie dem Bundeshaushalt) gebaut wird.

An der deutschen Nordseeküste galt deshalb lange Zeit das Regime des Deichgrafen nach dem Motto: „Wer nicht deichen will, muss weichen." Zum Deichbau im potentiellen Überflutungsbereich hatte jeder Bauer mit der Bereitstellung von Pferden, Wagen und Arbeitskräften anteilig beizutragen.

Deshalb sind etwa einfache Meinungsumfragen zum Thema „Umweltschutz" häufig wenig nützlich für die tatsächliche Politik: Je nach absehbarer oder unterstellter Finanzierungsform über- oder untertreiben viele Bürger strategisch ihre wahrhaftige Einschätzung bzw. sie kennen sie gar nicht genau, weil sie nie dafür sichtbar bezahlt haben.

Andere Güter lassen (in Grenzen) eine gemeinsame Nutzung zu, wodurch teils erhebliche Kostensenkungen pro Person ermöglicht werden. Dies gilt für gemeinsames Ballett- oder Turntraining für 15 Kinder. Diese Güter werden durch einen Zusammenschluss gleich interessierter Bürger zu **Clubs** produzierbar. Hier funktioniert jedoch der Ausschluss: Nur die Club-Mitglieder dürfen am Training teilnehmen.

So genannte **Allmende-Güter** führen zwar zu einer individuellen Aneignung des Vorteils, aber i.A. zu einer generellen Übernutzung der Ressource, wenn nicht zusätzliche Regeln für die Nutzung eingeführt werden. Dies betraf am sichtbarsten die allen zugängliche Dorfwiese vor mehreren Jahrhunderten, d.h. die so genannte Allmende.

Wenn bisher von 100 Bauern jeder eine Kuh auf der Allmende hatte, konnte sich Bauer A fragen, was eine zweite Kuh schaden könnte. Für jeden der bisherigen Bauern ginge der Milchertrag etwa um 1 % zurück. Für Bauer A ergäbe sich jedoch 198 % des bisherigen Milch-Wertes bei Hinzustellung einer zweiten Kuh. Ergo gibt es ohne besondere Gemeinschaftsregeln einen Anreiz zur Übernutzung der Wiese, weil jeder derartige Überlegungen anstellen wird.

Modifizierte Allmende-Eigenschaften hat auch die Meeresfischerei: Der Kabeljau oder der Hering im Meer gehört „niemandem". Durch den Fang durch ein Fischerboot A gehört er jedoch ab jetzt dem Fischer A. Das Wegfangen von hunderttausenden mittelgroßer Fische beeinträchtigt eventuell die Vermehrung und das Wachstum der ganzen Population. Dieser (erst in der Zukunft produktive) Effekt ist aber dem einzelnen Fischer A zunächst egal. Er kann ja nicht sicher sein, in drei bis vier Jahren einen „gerechten" Anteil am Zuwachs zu bekommen.

Eine Lösung muss also durch eine internationale Fischerei-Politik gefunden werden. Sonst könnten sich im Extremfall die nationalen Fischereien selbst die eigene Verdienstgrundlage langfristig entziehen. Eine der Maßnahmen ist die Schaffung größerer „Wirtschaftszonen", in denen zunächst nur der angrenzende Staat bzw. seine Fischer fischen dürfen. Dort können dann Fangquoten oder Mindestmaschengröße der Netze vorgeschrieben werden.

Dies führte bspw. vor mehreren Jahrzehnten dazu, dass ein spanischer Trawler, der ohne Erlaubnis in kanadischen Gewässern gefischt hatte, von der Marine Kanadas per Schuss vor den Bug aufgebracht und in einen Hafen gebracht wurde. Der Fang wurde beschlagnahmt und der Kapitän bestraft. Beide beteiligten Staaten waren damals und sind heute NATO-Mitglieder.

Umgekehrt nutzen aber manche Regierungen in Ländern der Dritten Welt derartige Zonen, um die dortigen Fischereirechte an zahlungskräftige Hochseeflotten der Industrieländer zu verkaufen. Das kann ihnen und einigen Mitgliedern ihrer Wählerschaft in den Städten nützen, beschädigt jedoch den traditionellen Fischfang: Auch eine Form von politischer Korruption.

Nicht alle Probleme kann „der Markt" von sich aus regeln! Wenn jedoch geschickt gewählte „Spielregeln" staatlicherseits festgesetzt sind, kann dann innerhalb dieser Regeln wieder der Marktmechanismus greifen.

> **Ergebnis:** Eine Bereitstellung von Gütern über **Märkte** setzt die gleichzeitige Erfüllung der **beiden Kriterien** „individuelle Nutzung" und „Ausschluss für Nichtzahler" voraus.
>
> Falls dies nicht gegeben ist, müssen diese anderen Güter – sofern gewünscht und sinnvoll - dann durch neue Verfahren bereitgestellt werden. Bei den so genannten „öffentlichen Gütern" übernimmt eine staatliche Instanz diese Aufgabe und stellt die Finanzierung über ein möglichst „faires" Umlageverfahren sicher.

11. Warum ist der Arbeitsmarkt etwas Besonderes?

Es ist offensichtlich, dass die Leute mit ihren Fähigkeiten und Fertigkeiten ebenso verschieden sind wie nach Größe und Gewicht.   *Cyril Northcote Parkinson*

Die meisten Menschen werden nicht so reich geboren, dass sie im Laufe ihres Lebens nicht für ihren Lebensunterhalt arbeiten müssten. Nun ist Arbeitskraft etwas Besonderes etwa im Unterschied zu einem großen Stück Land (das man verpachten könnte) oder eine Maschine, die bei guter Bedienung pro Stunde hunderte oder tausende von Teilen wertvoller Güter herstellen kann.

Arbeitskraft ist an Menschen gebunden, d.h. sie kann in der Qualität ihrer Leistung längerfristig von der körperlichen Verfassung, vom Ausbildungsstand, kurzfristig von der Motivation, vom Gesundheitszustand, Stimmungen und vielen anderen persönlichen Einflussgrößen positiv und negativ abhängen.

Die andere Marktseite, der Arbeitgeber[5], ist aber weniger an unterschiedlich gut aufgelegten Arbeitskräften interessiert, sondern an einem guten messbaren Arbeitsergebnis. Ob der Lieblingsfußballverein des Angestellten gerade drei Spiele hintereinander verloren hat oder ob diese Person seit einigen Wochen in einer Ehekrise steckt, ist ja eigentlich nicht das Problem des Arbeitgebers.

Jetzt kann es mehrere Gründe geben, warum ein bisher fleißiger und guter Arbeitnehmer trotzdem seinen Job verlieren kann und längere Zeit (unfreiwillig) arbeitslos ist. Auf diese für den Arbeitnehmer eher außen liegenden Gründe (Pleite des Unternehmens, ungünstiger Branchentrend, allgemeine Krise) wird in einem späteren Kapitel eingegangen.

Hier sollen zunächst eher diejenigen Gründe auf der Ebene des einzelnen Unternehmens und des **Arbeit suchenden Arbeitnehmers** diskutiert werden (= so genannte **mikroökonomische Ebene**). Zunächst erwirbt jeder Arbeitnehmer im Laufe seines (zunächst) jungen Lebens eine bestimmte Schulbildung, dann weitere auf einen Beruf hin orientierten Ausbildung(en), sei es als Fußballprofi, Tex-

---

[5] Im strengen Marktsinne bietet der Arbeiter oder Angestellte seine Arbeit zu bestimmten Bedingungen an, das Unternehmen fragt sie nach. Der übliche Sprachgebrauch ist somit genau falsch herum zur korrekten VWL-Sprache..

tilverkäufer, Versicherungskaufmann, Schlosser, Krankengymnast, Klinikarzt, Tischler oder Mathematiker.

Jetzt kann es durchaus passieren, dass es nach einigen Jahren zu viele ausgebildete Friseure im Verhältnis zum Bedarf gibt und zu wenige Ingenieure und Computer-Experten. Letztere brauchen sich um ihren Job dann weniger Sorgen zu machen, während die zu viel ausgebildeten teilweise keine so gut bezahlte Arbeitsstelle finden werden, wie sie ursprünglich gehofft haben.

Dies wird als ein „**Mismatch**" (d.h. ein „Nicht-zusammenpassen") auf dem Arbeitsmarkt bezeichnet.

Ähnliches passiert, wenn **regional** nicht passend Arbeitskräfte und –stellen verfügbar sind. Wenn man dann seine angestammte Heimat, die Freunde und Nachbarn höher schätzt als den Wechsel in eine Region mit Arbeitsplätzen, dann entsteht regional ein spezielles Arbeitsmarktproblem.

Und es kann auch passieren, dass eine damals sehr gute Ausbildung von vor 30 Jahren für einen jetzt 50-jährigen durch die inzwischen erfolgte Elektronik- und Computer-Entwicklung überholt wird.

Der **krasseste „Mismatch"** liegt vor, wenn ich mir ernsthaft einbilde, ich könnte als Unternehmensberater quasi nebenbei 120.000 € im Jahr verdienen und einen Sportwagen fahren. In Wirklichkeit habe ich keine Ahnung von etwas, bin schlecht qualifiziert und meine einzige Ausstrahlung ist die eines eingebildeten spätpubertierenden Angebers: So findet man garantiert keinen Job.

Allen bisher genannten Gründen kann man durch bessere und kontinuierliche Ausbildung nicht nur in der Schule, im Betrieb als Azubi (samt Berufsschule) oder an der Universität, sondern auch „on the job" begegnen. Dann wüsste der heute 50-jährige bereits mit 35 Jahren, dass er bald mit verschiedenen Software-Paketen umzugehen lernen muss und deren Möglichkeiten und Grenzen auch gut interpretieren können sollte. Und eine fehlende einigermaßen zutreffende Selbsteinschätzung seiner Fähigkeiten und Talente sollte man erst recht sehr schnell korrigieren.

Jemand, der meint, nur ein akademischer Beruf sei seinen vermeintlichen Fähigkeiten angemessen, der sollte eventuell darüber nachdenken, dass auch ein tüchtiger Handwerker, Techniker oder Meister erhebliche und anspruchsvolle Qualifikationen haben muss und dass man auch in diesen Berufen ebenfalls gutes Geld verdienen und viel Freude haben kann.

Die Berufe mit der sogenannten **„dualen Ausbildung"** beginnen mit der „Lehre" als Auszubildender im Betrieb und begleitender Berufsschule. Das hat nicht nur den Vorteil, dass man vom ersten Ausbildungsjahr an eine monatliche Bezahlung erhält, sondern auch, dass man die praktischen Fertigkeiten des Berufs sowie seine sonstigen Anforderungen (Kontakt zu Kunden, Organisation, Probleme bei Aufgaben, …) quasi automatisch mit erlernt: Lernen beim Jobausüben ist eine durchaus wichtige Dimension jeder Berufstätigkeit.

Einem gut qualifizierten Gesellen stehen heute auch bei entsprechendem Wunsch und Fähigkeiten viele interessante Aufstiegsperspektiven bis zum Ingenieur offen. Das ist oft besser, als ein Studium nach mehreren Jahren wegen Wahl des falschen Faches oder Überforderung ohne einen Abschluss abzubrechen.

Ergebnis: Der moderne Arbeitsmarkt in einer hoch entwickelten Industriegesellschaft erfordert von den Arbeitskräften einen Lernprozess, der mit dem Schul-Abschluss längst nicht vorbei ist: Die Bereitschaft zum lebenslangen Lernen ist Voraussetzung für einen auch über Jahrzehnte erfolgreichen Beruf.

Motivation für die Aufgaben und Arbeiten im Team sind zusätzlich hilfreiche Einstellungen, um Erfolg und Spaß im Beruf zu haben.

Und interessante Berufe finden sich zahlreich: Mit einem erlernten Handwerk und/oder der Meisterprüfung stehen einem jungen Menschen viele Wege offen. Es muss nicht unbedingt die Universität als das einzig Wahre für jeden jungen Menschen gelten.

Vor der Wahl eines derzeitigen „Modeberufs" sollte man sich beraten lassen, ob dort auch längerfristig absehbar gute Aussichten zu erwarten sind.

12. Gewerkschaften und Arbeitgeberverbände

Die Gewerkschaftsbewegung ist der Kapitalismus der Arbeiterklasse. George Bernhard Shaw

Nach dem Grundgesetz, Artikel 9 haben Arbeitnehmer das Recht, Vereinigungen zur Wahrnehmung ihrer wirtschaftlichen Interessen zu bilden. Es gibt in Deutschland jedoch keinen Zwang, einer solchen Vereinigung anzugehören.

Die meisten deutschen **Gewerkschaften** sind bisher nach dem **Branchenprinzip** organisiert. Das bedeutet, dass sowohl ein Elektriker als auch ein Angestellter der Datenverarbeitung in einem Betrieb der chemischen Industrie generell zur Branche „Chemie" gehören und damit in den Zuständigkeitsbereich der Industriegewerkschaft Bergbau, Chemie, Energie (IG BCE in Hannover) fallen. Die größte Anzahl Gewerkschaftsmitglieder (gut 6 Millionen) gibt es in den Gewerkschaften des „Deutschen Gewerkschaftsbundes (DGB)", deutlich weniger im „Beamtenbund und Tarifunion" sowie in den sehr kleinen „Christlichen Gewerkschaften".

Auch die Arbeitgeber sind überwiegend nach Branchen in **Arbeitgeberverbänden** organisiert. Diese sind wie die Gewerkschaften auch oft regional untergliedert. Für besonders große und bundesweit tätige Unternehmen kann es auch eigene Haustarifverträge geben, wie etwa beim Volkswagenwerk.

Diese beiden derart gebündelten Interessen der beiden Marktseiten auf dem Arbeitsmarkt können **Tarifverträge** miteinander abschließen. Diese gelten streng juristisch zunächst nur für die jeweiligen Organisationsmitglieder. Wenn aber die Unternehmen bspw. eine Lohnerhöhung von 3 % nur an Gewerkschaftsmitglieder bezahlen würden, gäbe es für bislang nicht organisierte Arbeitnehmer einen Extra-Anreiz, der Gewerkschaft beizutreten. Ein Organisationsgrad von etwa 80 – 90 % liegt aber nicht unbedingt im Interesse der Unternehmen. Deshalb wird in der Praxis eine ausgehandelte Tariflohnerhöhung meistens doch für alle Arbeitnehmer umgesetzt.

Tarifverträge werden grob nach so genannten Mantelregelungen und dem eigentlichen Tariflohnvertrag unterschieden. In ersteren werden die Rechte und Pflichten der Tarifvertragsparteien geregelt, normale Arbeitszeiten, Arbeitsbedingungen (Pausenregelungen, besondere Rechte für besonders belastende Arbeit, …) oder Urlaubsregelungen. Diese Regelungen haben i.A. eine Laufzeit von mehreren Jahren.

In den in kürzeren Zeitabständen, i.d.R. 1 – 2 Jahre, verhandelten Tarifverträgen werden vor allem Arbeitsentgeltfragen geregelt.

Es gibt daneben auch Gewerkschaften für einzelne **Berufsgruppen**, wie die Vereinigung Cockpit (Piloten), oder der Marburger Bund, dem Verband der angestellten und beamteten Ärztinnen und Ärzte Deutschlands sowie mehrere andere.

Derartige nach Berufsgruppen organisierten Gewerkschaften haben in anderen Ländern gravierende Nachteile gezeigt: Bei der Montage einer Kühlschranktür bestanden bspw. zwei englische Gewerkschaften darauf, dass ein Schlosser die Tür einhängt und befestigt; das Kabel für den elektrischer Schalter für die Tür musste dann aber ein Elektriker anschließen. Das heißt allgemeiner: Als Folge der technischen Entwicklung können sich funktionell neue sinnvolle Zuordnungen zu Tätigkeiten ergeben. Dann sind Eifersüchteleien der Gewerkschaften untereinander ein Hemmnis für die wirtschaftliche Entwicklung und sorgen für unnötige Arbeitskonflikte.

Als Instrumente des Arbeitskampfes bei Nicht-Einigung in den Verhandlungen haben die Gewerkschaften den **Streik**, die Arbeitgeber die **Aussperrung**. Wenn somit Tarifverhandlungen für gescheitert erklärt werden und die Gewerkschaft bestreikt selektiv entweder bestimmte Abteilungen oder einzelne wichtige Unternehmen einer Branche, können die Arbeitgeber ihrerseits die nicht streikenden Arbeitnehmer aussperren. Diese und die Streikenden erhalten für die Dauer des Arbeitskampfes keinen Lohn. Gewerkschaftsmitglieder erhalten Streikgeld.

In Deutschland kommt hinzu, dass im **Betriebsverfassungsgesetz** konkrete Umsetzungs- und Mitgestaltungsmöglichkeiten auf betrieblicher Ebene gegeben sind. Danach kann in jedem Betrieb mit mindestens fünf dauerhaft Beschäftigten und drei wählbaren Kandidaten ein **Betriebsrat** (im öffentlichen Dienst: Personalrat) gebildet werden. Für ein Unternehmen mit etwa 150 dauerhaft Beschäftigten besteht dieser aus 7 gewählten Personen. Die Gewerkschaft kann die Wahl eines Betriebsrates initiieren. Auch wenn nicht jedes einzelne gewählte Mitglied Gewerkschaftsmitglied sein muss, so sind faktisch natürlich zahlreiche Betriebsratsmitglieder auch gleichzeitig in der jeweiligen zuständigen Gewerkschaft.

Der Betriebsrat hat wichtige Mitspracherechte z.B. bei Arbeitsschutz, Unfallschutz oder sozialen Belangen der einzelnen Arbeitnehmer.

Diese Struktur mit Tarifverträgen und zusätzlich einer breiten Palette betrieblicher Vereinbarungen mit Mitwirkung des Betriebsrats hat angesichts der im Kern kooperativen Politik der deutschen Gewerkschaften zu einer erheblichen Flexibilität z.B. in der **Krise nach 2008** geführt, wo Arbeitszeitkonten, Kurzarbeit und andere Mechanismen eine starke Entlassungswelle (wie in anderen Ländern) verhinderten. Bereits im Jahr 2010 hatte die deutsche Wirtschaft die gröbsten Spuren der Krise überwunden.

Tarifverhandlungen finden somit auf beiden Seiten für jeweils ein größeres **Kollektiv** statt. Sowohl durch starke Unterschiede innerhalb einer großen Branche, wo es sowohl florierende als auch eher stagnierende Unternehmen in verschiedenen Teilbereichen geben kann, als auch durch regionale Differenzierungen können deshalb Abschlüsse für einige Unternehmen leicht zu tragen sein, für andere hingegen schon einen sehr starken Kostendruck erzeugen.

Dasselbe gilt für intern stark differenzierte Beschäftigte mit sehr unterschiedlichen Qualifikationen und Besonderheiten, wo die Verhandlungen über wenige Lohngruppen zu gering differenziert sind.

Trotzdem haben beide Seiten bisher die Vorteile dieses Systems höher geschätzt als die dadurch entstehenden Probleme. Insbesondere die beschäftigten Arbeitnehmer sind durch ein solches System mit stabilen Leitplanken als tariflicher Mindestlohn tendenziell sicherer und besser gestellt als bei nur individuellen Verhandlungen. Der **einzelne Arbeitnehmer** kann natürlich auf dem Hintergrund der bestehenden Tarifverträge individuelle Zusatzregeln (Lohn- oder Gehaltszuschläge, Arbeitsbedingungen, ...) auszuhandeln versuchen, wenn er seine Position im Unternehmen als stark genug einschätzt.

Auch die Arbeitgeber betrachten oftmals die Tariflöhne eher als Mindestentgelte und streben von sich aus durch unterschiedliche Zulagen eine bessere **Binnendifferenzierung** der tatsächlichen Bezahlung ihrer Belegschaften an. Wenn es bspw. eine Tarifgruppe für „einfache Qualifikation" gibt, lassen sich bereits eingearbeitete und faktisch besser qualifizierte Arbeitskräfte mit einer Zulage auf den Tariflohn von Berufsanfängern unterscheiden.

Das erzeugt zudem das Image eines Arbeitgebers, der tendenziell über dem Tarif bezahlt: Dies sorgt für zusätzliche Motivation bei den dort Beschäftigten, erhöht somit tendenziell die Produktivität, d.h. das Produktionsergebnis pro Stunde. Zudem hat es einen weiteren Vorteil für das Unternehmen: Übliche übertarifliche Bezahlung schafft auch Anreize für tüchtige und qualifizierte Arbeitnehmer, sich zuerst dort zu bewerben. Dies spart nicht zuletzt auch einige Personal-Suchkosten beim Unternehmen.

Außerdem kann ein Unternehmen mit übertariflicher Bezahlung diese Zuschläge in Krisenzeit etwas abschmelzen und als Flexibilitätsinstrument nutzen: Wenn ein Unternehmen bei 15 € Stundenlohn 1,50 €/h **über Tarif** bezahlt, bekommen seine Arbeitnehmer faktisch 16,50 €/h. Erfolgt jetzt eine Tariflohnerhöhung um 1,80 €/h (= 12 % vom Tariflohn), dann kann es in einer Krisensituation der Branche seinen tatsächlich gezahlten Lohnsatz nur um bspw. 0,90 € (= 5,45 %) erhöhen, und es hält den neuen Tarifvertrag dennoch ein. Es bezahlt jetzt 17,40 €/h.

Die unterschiedliche prozentuale Steigerung des Effektivlohns gegenüber der des Tariflohns in % (hier: 5,45 – 12 = - 6,55 %), ermöglicht als „**Lohndrift**" doch Flexibilität: In besonders guten Zeiten für die Branche kann die Differenz zwischen den prozentualen Effektivlohnsteigerungen und den prozentualen Tariflohnsteigerungen ein positives, in Krisenzeiten wiederum ein negatives Vorzeichen haben.

Ergebnis: Der Arbeitsmarkt in Deutschland kennt viele Regeln, die zwischen Gewerkschaften und Arbeitgeberverbänden vertraglich vereinbart wurden. Tarifverträge vereinbaren Mindestlöhne für verschiedene Lohngruppen und regeln wichtige Punkte des Arbeitslebens.

Lohndrift kann für Flexibilität oberhalb des Tariflohns sorgen, so dass die effektive prozentuale Lohnsteigerungsrate nicht immer mit der des Tariflohns übereinstimmen muss.

Individuelle Vereinbarungen, die durchaus möglich sind, werden auf der Basis beidseitiger Freiwilligkeit getroffen. um zusätzliche Differenzierungen zu ermöglichen.

13. Der Einfluss anderer Verbände

Die Partei ist die Kampfgemeinschaft von Intimfeinden.
Helmar Nahr

Neben den Arbeitgeber- und Arbeitnehmerverbänden sind zahlreiche Unternehmen in speziellen **Wirtschaftsverbänden** organisiert. Als ein Beispiel sei der Deutsche Bauernverband als Dachorganisation einer Vielzahl regionaler Verbände für Kleinbauern bis zum Riesen-Agrarbetrieb genannt. Der Bundesverband der Energie- und Wasserwirtschaft e.V. in Berlin (BDEW) vertritt über 1800 Unternehmen: Ganz große Energieunternehmen bis hin zu relativ kleinen Stadtwerken finden sich hier ein.

In der Regel geschieht die Verbandsbildung nach der jeweiligen Branchenzugehörigkeit, schließt also Unternehmen ähnlicher oder sogar gleicher Produktion freiwillig zusammen. Die beiden genannten Beispiele zeigen jedoch auch, dass die Interessenslagen der Verbandsmitglieder zwar häufig ähnlich gelagert sein können, dass aber auch mit internen Konflikten zu bestimmten konkreten Fragen durchaus zu rechnen sein kann.

Die Verbände leisten als die gebündelte Instanz Informationsbeschaffungs- und -analysearbeit für ihre Mitgliedsfirmen, wie bspw. Änderungen in der gültigen Rechtsprechung oder Umsetzung neuer Gesetzgebungen aber auch neue „Spielregeln" wie TÜV-Abnahmen oder Umweltschutzstandards.

Sie produzieren also ein **Clubgut** (Kapitel 8) für ihre Mitglieder. Daneben stellen sie die allgemeinen und spezifischen Brancheninteressen gegenüber der Öffentlichkeit und auch in der Politik heraus. Das kann so weit gehen, dass besonders qualifizierte Branchenvertreter vom Verband als Lobbyisten die konkrete Ausgestaltung von neuen Gesetzen mit beeinflussen wollen.

Diesen Einfluss versuchen natürlich zahlreiche weitere Verbände und auch Gewerkschaften, Umweltverbände sowie andere Organisationen geltend zu machen. Dies macht es der Politik natürlich einerseits leichter, die teils konträren Interessenlagen einzuschätzen, erschwert aber auch manchmal eine überwiegend sachliche Beurteilung der unterschiedlichen Vorschläge. Als „Kompromiss" kann dabei auch ein im Zusammenwirken der Einzelteile ziemlich schlecht durchdachtes Gesetz entstehen, weil auf zu viele Aspekte gleichzeitig Rücksicht genommen werden soll.

Es gibt bei den Verbänden faktisch eine **große Bandbreite** wie Fach-, Berufs- oder Verkehrs- und Sport-, Sozial- oder Wohlfahrtsverbände. Die Verbände vertreten nicht nur die jeweiligen Interessen ihrer Mitglieder, sondern organisieren auch nationale Veranstaltungen wie bspw. Deutsche Meisterschaften bei den Sportverbänden. Zusätzlich haben Umweltschutzorganisationen oder Verbraucherverbände ein gesetzlich geregeltes Recht, unter bestimmten Bedingungen eine so genannte Verbandsklage auszuüben: Sie können also in den ihr Aufgabengebiet betreffenden Fragen im Interesse ihrer Mitglieder auch vor die Gerichte gehen.

Politische **Parteien** sind freiwillige Zusammenschlüsse, wobei die Mitglieder durch überwiegend ähnliche politische Ziele und Wertvorstellungen zusammen geführt worden sind.

In realen Parteien trifft auch manchmal das obige Zitat zu. Insbesondere in großen Volksparteien findet sich ein sehr breites Spektrum sehr unterschiedlicher Auffassungen und Wahrnehmungen zu teilweise wichtigen Themen.

Das kann zum einen ganz einfach an unterschiedlichem Wissen über strittige Fragen liegen: Kein Parteimitglied kann ein Universalgenie sein. Aber selbst bei gleicher Beurteilung in der Sache können die Bewertungen von vorgeschlagenen Lösungen zu Recht unterschiedlich sein. Zu diesen unterschiedichen politischen Bewertungen in Sachfragen kommen aber häufig auch noch persönliche Animositäten oder Konkurrenzdenken in Bezug auf beabsichtigte politische Karrieren hinzu.

Es ist eben „wie im richtigen Leben"!

Das Aufkommen der Partei „Die Grünen" ab 1979/80 oder seit 2014 der „Alternative für Deutschland" sind Anzeichen, dass einerseits die Parteigrenzen nicht „festgemauert" sind, andererseits dass in diesen Fällen ein hinreichend großer Teil der Wähler bestimmte Themenbereiche nicht mehr angemessen in den bisherigen Parteien vertreten sieht und dann etwas Neues entsteht – mitsamt dem damit verbundenen Risiko des Scheiterns oder Zersplitterns nach einiger Zeit.

Auch **Gewerkschaften** erfüllen das Kriterium der freiwilligen Mitgliedschaft: Sie dürfen aber die Tarifverträge für ihre Mitglieder abschließen. Sie sind somit Interessenverbände einer oder mehrerer bezüglich ihrer Ziele ähnlicher gesellschaftlichen Gruppen.

Es gibt des Weiteren auch **Pflicht- und Zwangsverbände** wie die Kammern, denen dafür ein Teil quasi hoheitlicher Aufgaben übertragen wurde, wie das Abnehmen von beruflichen Prüfungen für diese Branche (bspw. die Gesellen- und Meisterprüfungen in den **Handwerkskammern**).

Die **Industrie- und Handelskammern (IHK)** schließen jeweils in größeren Region alle Gewerbetreibenden und Unternehmen mit Ausnahme der Handwerksbetriebe, Landwirte und bestimmter freier Berufe, wie Selbständige, die nicht in das Handelsregister eingetragen sind, zusammen.

Anders als die oben genannten Verbände sind sie als Körperschaft des öffentlichen Rechts organisiert, weil sie ja quasi eine fast hoheitliche Aufgabe des Staates übernommen haben.

Ergebnis: Es gibt in Deutschland eine Vielzahl freiwilliger Zusammenschlüsse: Vom lokalen Sportverein mit nur 80 - 100 Mitgliedern bis zum gewerkschaftlichen Dachverband DGB, in dem über 6 Millionen Mitglieder zusammengefasst sind, existieren höchst unterschiedlich bedeutende Vereine und Verbände.

Zwangsmitgliedschaften hat bspw. die jeweilige regionale IHK, der eine sehr große Vielzahl und Bandbreite von Unternehmen angehören muss.

---

14. Wie entsteht Arbeitslosigkeit?

Auf die Arbeit schimpft man nur solange, bis man keine mehr hat. **Sinclair Lewis**

Im Kapitel 9 haben wir schon die Grundlagen für Probleme des möglichen „Mismatch" zwischen den Anforderungen der Unternehmen als Arbeitgeber und den individuellen Möglichkeiten und Wünschen der Arbeitnehmer gesehen.

Hier soll es jetzt um eine Reihe ganz anderer Gründe für die Entstehung und dann längere Dauer von „Arbeitslosigkeit" gehen. Diese Form der „unfreiwilligen Arbeitslosigkeit" sollte die Gesellschaft hingegen als ein ernsthaftes soziales Problem beschäftigen.

Dazu machen Ökonomen ein Gedankenexperiment: Jede Person ohne Arbeit, die bereit ist, zu 10 Cent/Stunde weniger als dem aktuellen Lohnsatz (für diese Qualifikation) anzutreten, aber keinen Job finden kann, gilt zu Recht als erfolglos arbeitsuchend. Sie ist dann wirklich unfreiwillig arbeitslos.

Dazu kann es durch
- spezielle Branchenentwicklungen,
- durch Missmanagement in einem größeren Unternehmen,
- durch eine allgemeine Konjunkturkrise mit Produktionseinbruch über fast die gesamte Wirtschaft,
- durch Starrheiten des Lohnsatzes nach unten, wofür es wiederum viele Gründe geben kann,

kommen und dann auch länger anhaltend sein.

Aber auch die Einführung eines flächendeckenden Mindestlohns kann die (regional stark differenzierte) Nachfrage nach besonderen Arbeitskräften derart beeinflussen, dass zumindest in einigen Berufen und Regionen zusätzliche Probleme entstehen.

Dies sind insgesamt Faktoren, auf die der einzelne Arbeitnehmer keinen oder nur geringen individuellen Einfluss haben kann, d.h. sie gehören zur makroökonomischen und sektoralen Ebene oder werden durch die Politik gesetzt.

Spezielle **Branchen**entwicklungen können sich durch technischen Fortschritt ergeben, der bislang im Inland relativ geschützte Arbeitsbereiche dem internationalen Wettbewerb aussetzt. Dies gilt z.B. für das Entstehen eines sehr schnellen Internets in den letzten 15 Jahren, wodurch plötzlich Programmierer aus etwa Indien heute für ein Unternehmen in Deutschland arbeiten können. Im Jahre 1990 wäre das noch aus technischen und organisatorischen Gründen nicht vorstellbar gewesen. Wenn mathematisch geschulte Inder besser oder billiger sind als hiesige Arbeitskräfte, werden diese dann durch neue Anbieter aus dem Ausland verdrängt.

Ähnliches gilt, wenn im Ausland zunehmend mitteleuropäische Standardqualifikationen erworben werden und dennoch dort die Lohnsätze deutlich geringer sind, so dass Fertigungen aus Kostengründen dorthin verlagert werden. Gegen diese Ursachen der Probleme helfen nur eine andauernde Höherqualifizierung der einheimischen Arbeitskräfte und ein hiesiger sehr hoher Qualitätsstandard bei Produkten und Fertigung.

Missmanagement liegt vor, wenn die Geschäftsführung so schlecht auf dem Beschaffungsmarkt für notwendige Rohstoffe oder dem für Vorleistungen oder miserabel auf dem Absatzmarkt für ihre Güter agiert, dass sie gegenüber den Wettbewerbern immer erfolgloser wird. Wenn es dem Arbeitnehmer dann bei Konkurs dieses Unternehmens nicht möglich ist, in der Region bei einem ähnlichen Unternehmen wieder eine Anstellung zu finden, ist er arbeitslos geworden.

Es war bisher häufig so, dass bei Neueinstellungen eher die Jüngeren bevorzugt wurden: Ihre Ausbildung war noch frischer und sie konnten besser im Unternehmen für eine längere Laufbahn eingeplant werden. Inzwischen haben jedoch sehr viele Unternehmen auch den Wert von guter Ausbildung gepaart mit mehreren Jahren Berufserfahrung schätzen gelernt, so dass auch arbeitslos gewordene Arbeitnehmer, die deutlich über 50 Jahre alt sind, noch eine gute Berufsperspektive haben können, sofern sie motiviert und solide ausgebildet sind.

Ein allgemeiner **konjunktureller Einbruch** führt zu Arbeitslosigkeit, wenn die Unternehmen nach anfänglicher Streichung von Sonderschichten und danach Kurzarbeit keine baldige Chance auf einen Aufschwung sehen. Dann kann es auch durchaus tüchtige Arbeitnehmer in ansonsten stabilen Branchen treffen.

Eine politisch verursachte Krise in einer Branche kann ausgelöst werden, wenn eine bestimmte – politisch aktuell gerade erwünschte – Technik sehr stark subventioniert wird und diese in Konkurrenz zur bisher überwiegend genutzten Technik steht. Dann wächst in der subventionierten Branche die Zahl der Arbeitsplätze; in der traditionellen Branche ohne Subventionen kann hingegen eine Krise entstehen. Dies beobachtet man zum Beispiel seit der „Energiewende" im Sommer 2011 in der traditionellen Energiewirtschaft.

Ein zunächst harmloser Konjunkturabschwung wird weiterhin durch den **Konsumnachfrage**rückgang der bereits arbeitslosen Arbeitnehmer (die dann z.b. weniger neue Autos oder Möbel kaufen) und der Kaufzurückhaltung der noch Beschäftigten wegen pessimistischer Zukunftseinschätzungen und auch durch die Drosselung von **Investitionen** wegen zu geringen Absatzes verstärkt. Dadurch kann sich die Krise auf alle Branchen ausweiten, und die Einleitung eines Aufschwungs wird länger dauern.

Da es hier auf zwei große Nachfrageaggregate der Volkswirtschaft, nämlich den gesamtwirtschaftlichen **Konsum** und die **Investitionen,** ankommt, nennt man diese Erklärungsansätze von Arbeitslosigkeit **makro**ökonomisch, d.h. aus den zusammengefassten großen Kreislaufgrößen einer Volkswirtschaft bestimmt. Die dazu benötigte Analytik kann in diesem Büchlein nicht geleistet werden.

In Deutschland haben in derartigen Situationen häufig die so genannte antizyklische Wirtschaftspolitik des Staates (Steuersenkungen, zusätzliche **staatliche Infrastrukturinvestitionen** = Gasgeben seitens des Staates) sowie eine stabile **Export**nachfrage des Auslands nach hochwertigen deutschen Erzeugnissen unterstützend geholfen, so dass derartige Einbrüche nicht sehr lange gedauert haben.

Ergebnis: Es gibt eine Vielzahl von Gründen (konjunkturelle Krisen, Branchenentwicklungen, Fehler von Unternehmensleitungen), warum ein Arbeitnehmer „unfreiwillig" arbeitslos werden kann.

Die Wirtschaftspolitik versucht, einigen dieser Faktoren zu begegnen: antizyklische Haushaltspolitik, frühzeitige Förderung von und Anpassung an unvermeidbaren Strukturwandel, permanente Weiterbildung und Höherqualifizierung der Arbeitnehmer etc.

15. Wie kommt der Staat zu Geld: Steuern und Abgaben

Keine Kunst lernt eine Regierung schneller als die, Geld aus den Taschen der Leute zu ziehen. **Adam Smith**

Der Staat verkauft seine Leistungen nicht auf Märkten: Er soll ja im Wesentlichen nur die so genannten **öffentlichen Güter** bereitstellen. Dazu gehören sowohl die Gewährleistung der Sicherheit nach außen durch die Bundeswehr und nach innen durch die Polizei als auch Bereitstellung von Gerichten und Gefängnissen. Es gibt offensichtlich gute Gründe, derartige Güter nicht von privaten Firmen betreiben zu lassen. Die Nicht-Korrumpierbarkeit der Polizei und Gerichte ist ein ganz wichtiger zivilisatorischer Fortschritt für die Gesellschaft. Diese Güter (Schulbildung, Gerichte, öffentliche Infrastruktur, …) werden deshalb grundsätzlich für alle Bürger staatlicherseits bereitgestellt.

Bei anderen Gütern gäbe es prinzipiell einen Zusammenhang zwischen staatlicher Bereitstellung und unterschiedlich intensiver Nutzung. Einige Infrastrukturgüter wurden bisher auf dem Wege der allgemeinen Finanzierung bereitgestellt, weil eine individuelle Kostenbeteiligung nach vernünftigen Kriterien verwaltungsmäßig viel zu aufwändig gewesen wäre.

Das galt bspw. jahrelang für Bundesautobahnen, wo erst der technische Fortschritt die kostengünstige Erhebung der Maut für Lastkraftwagen ermöglichte. Lkw verursachen bei weitem den größten Verschleiß der Straßen. Pro Kilometer gefahrene Autobahn muss seit einigen Jahren die Spedition Mautgebühren an den Staat entrichten. Bei den sonstigen Nutzern erhebt der Staat bisher eine Ersatzlösung für eine „Straßenbenutzungsgebühr" in Form der Mineralölsteuer an der Tankstelle.

Da alle sonstigen Aktivitäten Geld kosten, muss der Staat irgendwo her Einnahmen erzielen. Der Sammelbegriff dafür sind staatliche **Abgaben**, das sind. **Steuern, Gebühren und Beiträge**. Diese gab es schon in mehrere tausend Jahre zurückliegenden Reichen wie Rom oder Ägypten.

Bevor ich Ihnen eine Lösung präsentiere: Wie würden Sie selbst Steuern erheben und eintreiben? Auf der einen Seite sollte es ja irgendwie „gerecht" dabei zugehen. Zum anderen soll ja auch genug Geld in die Staatskasse kommen. Eine **einheitliche Steuer** von 10.000 € jährlich für jeden fänden wir wohl zu Recht nicht so gut, wenn viele ein Einkommen von nur 15 - 25.000 €, andere hingegen von 250.000 € jährlich hätten.

Dann könnten wir die Zahl der Fenster besteuern: Wer ein größeres Haus bewohnt, hat mehr davon! Oder ginge vielleicht eine Steuer nur auf „Luxusgüter"? Die spannende Frage ist nun: Gehört schon ein Auto der Mittelklasse ab 100 kW (136 PS) oder ein Flachbildschirm ab einer bestimmten Größe oder Tablet dazu? Es ist nicht so einfach, wie zuerst gedacht.

Bei **Steuern** verlangt der Staat ohne konkrete Gegenleistung in Abhängigkeit eines bestimmten Merkmals Geldleistungen, die allen Betroffenen mit diesem Merkmal zur Erzielung von Einnahmen auferlegt werden.

Je nach Verfahrensweise und Bemessungsgrundlage unterscheidet man **direkte Steuern** und **„indirekte" Steuern**: Eine direkte Steuer muss vom Steuerpflichtigen erhoben werden und auch an das Finanzamt bezahlt werden. Eine indirekte Steuer wird von einem Dritten an das Finanzamt abgeführt, wobei der Staat bewusst davon ausgeht, dass diese Steuer de facto z.B. in einem Güterpreis auf jemand anderes wenigstens teilweise abgewälzt wird. Der Zahler an das Finanzamt ist damit i.d.R. eine andere Institution als derjenige, der letztlich die Steuerlast mit tragen soll.

Zu den direkten Steuern gehört die **Lohn- und Einkommensteuer**: Ist der Steuerpflichtige abhängig Beschäftigter und als Arbeiter, Angestellter oder Beamter tätig, so wird die für einen Monat anteilig fällige Steuer von seinem Arbeitgeber bei der Gehaltsauszahlung im Namen des Belasteten direkt an das Finanzamt abgeführt (Lohnsteuer). Ein selbständiger Architekt muss selbst direkt an das Finanzamt bezahlen (Einkommensteuer). Die Steuertabelle ist jedoch für beide gleich.

Die Bemessungsgrundlage ist das „zu versteuernde Einkommen", das niedriger wird, wenn die Person z.B. Kinder hat (Kinderfreibetrag) oder wenn sie „besondere Belastungen" (Unterstützung für notleidende Angehörige) abziehen kann. Die so genannten Grundfreibeträge sind in der Regel so hoch, dass es für Schüler oder Studierende mit Job in den Semesterferien lohnend ist, den **Lohnsteuerjahresausgleich** im Frühjahr des Folgejahrs zu beantragen.

Bei gleichem **zu versteuernden Jahreseinkommen** zahlen alle Inländer einheitlich den gleichen Steuersatz. Dieser Prozentsatz wächst insbesondere bei mittleren und höheren Einkommen an. Durch diese so genannte **Progression** wird somit ein Ehepaar im Jahr 2016 mit einem „zu versteuernden Einkommen" von 50.000 € mit 8210 € belastet, mit einem Einkommen von 60.000 € werden hingegen 11.250 € Steuer fällig. Der Durchschnittssteuersatz im ersten Fall beträgt 16,4 %, im zweiten dagegen 18,8 %, d.h. das besser verdienende Ehepaar Nummer 2 muss auch prozentual eine höhere Steuer entrichten als Ehepaar 1.

Sollte das Ehepaar 2 sein Einkommen auf 70.000 € steigern, muss es sogar 14.518 € abführen, das sind 20,7 %. Für die letzten dazu verdienten 10.000 € sind 3268 € zusätzliche Steuern fällig (= 32,7 %): Exakt beträgt dieser so genannte **Grenzsteuersatz** (zusätzliche Steuer / 100 € zusätzliches Einkommen) bei den 70000 € Jahresverdienst schon 34 %: Von 100 zusätzlich verdienten Euro muss Familie 2 dann schon zusätzliche 34 € Steuern bezahlen.

Nur wer alleinstehend ein sehr großes Einkommen von klar über 100.000 € p.a. hat, bezahlt den Spitzen-Grenzsteuersatz von 42 %; sein Durchschnittssteuersatz steigt dadurch langsam weiter an.

In Deutschland kommt noch der so genannte **Soli**daritätszuschlag, eingeführt wegen der Kosten der deutschen Wiedervereinigung 1990 (z.Z. 5,5 % der Lohn- und Einkommensteuer) als prozentualer Aufschlag und gegebenenfalls die Kirchensteuer dazu. Besitzt die Familie Immobilien (Haus, Eigentumswohnung) oder verdient noch durch eine selbständige Neben-Tätigkeit hinzu, muss sie eine Einkommensteuererklärung inklusive aller sonstigen Einkünfte im Folgejahr abgeben.

Zu den indirekten Steuern gehört die so genannte „**Mehrwertsteuer**"; steuertechnisch heißt sie eigentlich „**Umsatzsteuer**". Sie beträgt in Deutschland derzeit 19 % für normale Güter und 7 % für unbearbeitete Lebensmittel, aber auch für einige weitere (teils unerklärliche) Sonderfälle wie Schnittblumen. Deren Erhebungsverfahren wird im folgenden Beispiel erklärt:

Wir betrachten **drei Unternehmen** A, B und C mit verschiedenen Aktivitäten: Unternehmen A ist ein Rohstoffunternehmen, B eine Beratungsfirma, und C stellt Konsumgüter aus den Rohstoffen her.

Wenn A im Produktionswert von 900.000 € Rohstoffe an C liefert, muss er dafür eine Rechnung über den Nettobetrag ausstellen, gleichzeitig die Umsatzsteuer (19% von Nettobetrag = 171.000 €) ausweisen: Die von C zu bezahlende Rechnung beträgt also 1.071.000 €. Diese 171.000 € darf A natürlich nicht behalten, sondern muss sie an das Finanzamt als Umsatzsteuer abführen.

	Lieferung an C: Nettobetrag +	Umsatzsteuer	= Bruttobetrag	abgeführt an das **Finanzamt**
Unternehmen A Rohstoffe	900.000 €	171.000 €	1.071.000 €	171.000 €
Unternehmen B Beratung	100.000 €	19.000 €	119.000 €	19.000 €
Unternehmen C Löhne, Gewinne etc.	2 Mill. €	380.000 €	2.380.000 €	380.000 €
C liefert an Endkunden	3 Mill. €	570.000 €	3.570.000 €	**Summe** 570.000 €

Dasselbe gilt für Unternehmen B, das eine Rechnung über 100.000 € zuzüglich 19.000 € Umsatzsteuer ausstellt. Auch B muss diese 19.000 € an das Finanzamt entrichten.

Wenn jetzt C seine Umsatzsteuer erklärt, hat er einen Verkaufswert von netto 3.000.000 €. Darauf den Zuschlag von 19 % als Steuer ergibt einen Bruttobetrag, den er seinen Kunden abnehmen muss, von insgesamt 3.570.000 €.

Gegenüber dem Finanzamt erklärt er diese Umsatzsteuer von 570.000 €, kann aber dank der Rechnungen von A und B zusammen 190.000 € von seiner Steuerschuld abziehen: Diese 190.000 € sind ja schon von A und B abgeführt worden. Er muss demnach nur 380.000 € an das Finanzamt überweisen.

Unternehmen C fügt natürlich nur 2 Millionen € dem Wert des Endprodukts bei (Rest bei A und B). Es schafft durch seine Löhne und Gewinne einen Mehrwert in dieser Höhe. Und, oh Wunder, es bezahlt genau 19 % davon als Umsatzsteuer: Dies erklärt den häufig benutzten Terminus **„Mehrwertsteuer"**.

Die Einnahmen des Finanzamtes betragen somit insgesamt: 171.000 + 19.000 + 380.000 € = 570.000 €. Das sind genau 19 % des Nettobetrags des fertigen Produkts, der den Netto-Endverkaufspreis ausmachte. Aber auch für die Unternehmen A bis C stimmt die Rechnung: Jedes hat anteilig zu seinen hinzu gekommenen Nettobeträgen, d.h. der so genannten „Wertschöpfung", die auf ihn entfallende Umsatzsteuer an das Finanzamt abgeführt.

Wer trägt nun die Steuerlast? Das ist die Gesamtheit der (inländischen) Endverbraucher, wenn durch diese Steuer das Kaufverhalten nicht massiv verändert wird. Die Kunden erhalten an der Kasse einen Bon: Darauf ist der Nettowarenwert und die 19 % Umsatzsteuer ausgewiesen. Bezahlen müssen sie den Bruttobetrag von insgesamt 3,57 Millionen €.

Man ahnt auch, wo hier die Anreize für **Schwarzarbeit**, d.h. Erbringung von Leistungen ohne Rechnung liegen könnte. Wenn mir ein Handwerker keine Rechnung ausstellt, fließt keine Umsatzsteuer und der Handwerker kann diese bar bezahlte Leistung und den Gewinn daraus dann auch bei seiner Einkommensteuer verschweigen. Wenn wir beide das Finanzamt betrügen wollen, spare ich die Umsatzsteuer und er seinen Anteil Einkommensteuer: beides eindeutig **illegal**!

Eine andere Form der indirekten Besteuerung liegt bei so genannten „**Mengensteuern**" vor. Auch sie sollen letzten Endes auf den Endverbraucher weiter gewälzt werden, sind also auch eine Verbrauchssteuer.

Deren **Steuerbemessungsgrundlage** ist keine Wertgröße in „€", sondern eine **Mengen**einheit: Bei der Biersteuer wird der Hektoliter Bier erfasst, bei der Kaffeesteuer das Kilogramm Kaffeebohnen, bei der Mineralölsteuer der Liter Kraftstoff.

Die Endverkaufspreiskalkulation enthält somit die Produktionskosten zuzüglich eines marktüblichen Gewinnaufschlags. Dann kommt eine **Mengen**steuer hinzu, und auf diesen Gesamtwert wird die **Umsatzsteuer** aufgeschlagen. Beim Einkauf derartiger Güter wird an der Kasse der Tankstelle, im Kaufhaus oder beim Supermarkt der jeweilige Steuerbetrag mit bezahlt und muss an das Finanzamt abgeführt werden.

Die spannende Frage ist jetzt natürlich: Ist der Verbraucher immer der Dumme, der die komplette Steuerlast alleine zu tragen hat? Die Antwort der Ökonomen ist ein entschiedenes „Es kommt darauf an!"

Worauf? Offensichtlich hängt das Tragen einer zusätzlichen Verteuerung einer Gütergruppe (alkoholische Getränke, Zigaretten) von möglichen nutzbaren Alternativen ab. Wenn ich mir als Folge einer Tabaksteuererhöhung das Rauchen abgewöhne, kann mich die Verteuerung völlig kalt lassen. Wenn hingegen eine Extra-Steuer auf Profifußballspiele eingeführt würde und ich fanatischer Anhänger meines Vereins bin, bleibt mir nichts anderes übrig, als die Steuer mit zu bezahlen, solange meine Eintrittskarte noch zumutbar teurer würde.

Die **Dringlichkeit meiner Wünsche** nach diesem Gut entscheidet neben meinem verfügbaren Einkommen somit darüber, ob ich vollständig, nur wenig oder gar nicht zum Opfer des Finanzministers werde.

Gebühren sind Zahlungen für besondere Leistungen einer staatlichen Körperschaft oder für die (freiwillige oder erzwungene) Inanspruchnahme von öffentlichen Einrichtungen. Dazu können gehören Verwaltungsgebühren für Beurkundungen, Ausstellen von Bescheinigungen, Genehmigungen, Passgebühren, etc. oder Nutzungsgebühren für eine allgemeine Leistung wie Müllabfuhr, Rundfunk und Fernsehen, Friedhofsgebühren, Liegeplatz im Hafen usw.

Beiträge stellen einen Aufwandsersatz für die mögliche Inanspruchnahme einer konkreten Leistung einer öffentlichen Einrichtung dar, wie z.B. Straßenanliegerbeiträge nach der Sanierung oder Verschönerung der Straße oder der Kammerbeitrag für einen Handwerksbetrieb.

In Deutschland kommt als Komplikation hinzu, dass es „den einen Staat" gar nicht gibt: Der deutsche Staat gliedert sich in den Bund (Regierung und Parlament in Berlin), 16 Bundesländer mit ihrer jeweiligen Landesregierung und –verwaltung, sowie zahlreiche Kommunen, d.h. Städte und Gemeinden (steuertechnisch: „Gemeinden" für beide). Erstere sind entweder derart groß, dass sie keinem Landkreis angehören, mehrere Gemeinden und kleine Städte bilden hingegen für gemeinsame Aufgaben (Schulen, Busverkehr, …) einen Landkreis.

Bei den **Gemeinschaftssteuern** werden die Steuereinnahmen nach einem Schlüssel auf Bund, Länder und Gemeinden aufgeteilt: Bei der Einkommensteuer z.B. je 42,5 % für Bund und Länder, 15 % für die Kommunen.

Die **Gemeinden** erheben die Gewerbesteuer (im Wesentlichen auf Gewinne von Handwerks- und Industriebetrieben), die Grundsteuer (auf alle Immobilien) und andere Steuern wie die Hundesteuer. Diese fließen zu 100 % an die Gemeinde.

In einem komplizierten **Länderfinanzausgleich** versuchen Bund und Länder, zu krasse Unterschiede im Steueraufkommen der Länder (Finanzkraft) durch Umverteilung auszugleichen. Der dabei angelegte Schlüssel sorgt natürlich für teils heftige Interessenskonflikte zwischen Geber- und Nehmerländern.

Ergebnis: Der Staat erhebt zwangsweise Steuern, Gebühren und Beiträge, um Einnahmen zu erzielen.

Während bei den beiden letzten Kategorien eine mehr oder weniger konkrete Gegenleistung erbracht wird, werden die quantitativ wichtigsten Steuern ohne Gegenleistung erhoben.

Es gibt im Wesentlichen
- die (für mittlere und höhere Einkommen) progressiv ausgestaltete **Lohn- und Einkommensteuer** mit gewissen (unbesteuerten) Freibeträgen,
- die proportional zum Netto-Wert aller Endverbrauchsgüter erhobene **Umsatzsteuer**,
- **Mengensteuern**, die auf eine Mengengröße des besteuerten Gutes (Bier, Benzin, Zigaretten, …) erhoben werden.

Auf **kommunaler Ebene** erheben die Gemeinden jeweils eigene Steuern wie Grundsteuer, Gewerbesteuer oder Hundesteuer.

Die Möglichkeiten, sich der Steuerlast zu entziehen, beinhalten **illegale Methoden** (Schwarzarbeit, heimliches Konto in der Schweiz, …) und völlig **korrekte** Methoden, indem ich von hoch besteuerten Gütern (wie Zigaretten oder Schnaps) möglichst wenig oder nichts kaufe.

16. Begründungen für staatliche Wirtschaftspolitik

Ein Wirtschaftsminister ist nur dann gut, wenn er nichts tut. Das Wirtschaftswunder von Ludwig Erhard beruht vor allem auf der Tatsache, dass er nichts getan hat.
Rudolf Bennigsen-Foerder

Der Staat hat traditionell **drei wirtschaftspolitische Aufgabenbereiche:**
- Er soll im konjunkturellen Auf und Ab durch Ausgaben- und Einnahmensteuerung die **Zyklen glätten** helfen. Dies scheitert allerdings realiter oft an fehlender Disziplin im Aufschwung, so dass eine langfristige Tendenz zu immer weiter wachsender Staatsverschuldung entstehen kann. Zudem sind häufig die kurzfristig relativ variablen staatlichen Ausgaben hauptsächlich in den Bauinvestitionen (Brücken, Schulen, Straßen, Kindergärten, andere Infrastruktur, …) gegeben.
Soll und kann man immer deren Bau und Fertigstellung an konjunkturellen Anforderungen ausrichten?
- Er soll über Steuern und Transferausgaben die **Einkommensverteilung** etwas korrigieren und die Verteilung der verfügbaren Einkommen „gerechter" machen.
- Er soll Aufgaben (öffentliche Güter, andere Maßnahmen gegen Marktversagen) im **allokativen Bereich** übernehmen (Was und wie wird produziert?). Dazu sind Umfang und Qualität der öffentlichen Güter politisch zu entscheiden: Von Rechtsprechung und Polizei reicht das bis zur Bereitstellung öffentlicher Infrastruktur wie Deich- oder Verkehrswegebau.

In manchen Ländern ist es (schlechte) Tradition, schnell nach „dem Staat" zu rufen, wenn bestimmte Marktergebnisse oder noch schlimmer eine Folge bereits erfolgter politischer Interventionen sich als schlecht für bestimmte Gruppen herausgestellt haben. Dieser vermeintlich alles könnende und wohlmeinende Staat existiert aber realiter nicht. Deshalb sollte man gute Argumente für einen staatlichen Eingriff haben; insbesondere bei Eingriffen in den allokativen Bereich.

Die einfachste Regel hierfür ist: Der **staatliche Eingriff** ist nur dann gerechtfertigt oder notwendig, wenn der Markt bei der Lösung des anstehenden Problems versagen würde. Dazu hat bereits das Kapitel 9 mit der Liste der problematischen Güter (Deichschutz, reine Luft oder Wasser, ...) eine Strukturierung gegeben.

Um die so genannten „Clubgüter" braucht sich der Staat jedoch nicht im Einzelnen zu kümmern: Er kann mit dem Vereinsrecht und den im Bürgerlichen Gesetzbuch (BGB) gesetzten Spielregeln interessierten Bürgern einen Rahmen geben, so dass geeignete Clubs zustande kommen und danach auch dank gewährter Steuervorteile funktionieren können, falls die Gemeinnützigkeit gegeben ist.

Es gibt aber immer noch sehr wohl einige große Bereiche, in denen man **Marktversagen** konstatieren kann:

- **Externe Effekte** treten auf, wenn ein Akteur einen (oder auch mehrere) anderen in dessen Wohlergehen (positiv oder) negativ beeinträchtigt, ohne den Schaden auszugleichen: Lärm, Abgase oder Abwässer haben diese Wirkung.

    Dies kann man durch Vorgabe von bestimmten Maximalwerten für Emissionen von Schmutz per Ordnungsrecht, durch handelbare Zertifikate für Emissionen bei fixer Gesamtmenge oder durch eine Steuer auf Verschmutzung, die dann ihrerseits zur Reinigung anregt, angehen. Dies wird mit der **Umweltschutz**politik von Bund und Ländern in unterschiedlicher Ausgestaltung praktiziert.

- Unteilbarkeiten und spezielle Formen der Kostenfunktionen können dazu führen, dass aus produktionstechnischen Gründen ein „**natürliches Monopol**" (d.h. ein einziger Anbieter im Markt) entsteht. Dies gilt für Eisenbahn-, Strom- oder Erdgas**netze**, wo das Angebot durch mehrere Netz-Unternehmen in einem Gebiet häufig ökonomisch wenig sinnvoll, da insgesamt zu teuer, wäre.

    Dies kann der Staat dadurch lösen, dass er diese Branchen selbst als staatliche Unternehmen betreibt oder aber in (regionalen) Monopolhänden belässt, diese aber einer **Regulierung** (bzgl. der Entgelte, Qualitätsstandards, ...) unterwirft. Das geschieht in Deutschland durch die **Bundesnetzagentur** mit Sitz in Bonn, welche die Telekommunikation, die Netze der Energiebranchen oder der Eisenbahn reguliert. Dadurch werden bspw. Netzentgelte für Stadtwerke oder ein bisher verweigerter Zugang zu Gasnetzen bei lokalen Erdgas-Verteilern geregelt.

- **Informationsmängel** zu beheben, ist in vielen Bereichen schlicht zu aufwändig für jeden einzelnen. Die Gesamtheit aller Bürger hat jedoch ein großes Interesse an wichtigen Informationen über bspw. die eventuell problematischen oder sogar giftigen Stoffe in Lebensmitteln, Farben oder anderen Gütern.

  Der Staat kann durch Vorgaben über die Auszeichnungspflicht über Inhaltsstoffe, Haftungsrecht bei Verletzung von Standards oder Bereitstellung allgemein interessierender Information über die Medien einen besseren Rahmen für die Konsumenten schaffen.

- **Marktmacht** muss seitens des Staates bekämpft werden. Die Versuchung von Unternehmen in einem Markt kann ziemlich groß sein, durch Absprachen (z.B. durch abgestimmte Mengenquoten oder eine unter allen abgesprochene Preispolitik) die Konsumenten leichter „auszunehmen". Der Staat soll durch besondere wettbewerbspolitische Spielregeln solches Verhalten unterbinden. Durch die **Wettbewerbspolitik** sind **Fusionskontrolle** oder **Kartellverbot** geregelt.

Als wichtige Behörde ist in Deutschland dafür das **Kartellamt** zuständig, das beantragte Fusionen untersagen und bei schließlich aufgedeckten Kartellabsprachen hohe Bußgelder gegen die Beteiligten verhängen kann.

Ergebnis: Ein Eingreifen des Staates in den Wirtschaftsprozess braucht wichtige Gründe. Manche in der Öffentlichkeit populären Ideen fallen nicht unbedingt darunter.

Die **vier** oben genannten großen Bereiche möglichen Marktversagens rechtfertigen dagegen staatliche Eingriffe.

17. Der Staat als Inflationsgewinner?

Es hat sich bewährt, an das Gute im Menschen zu glauben, aber sich auf das Schlechte zu verlassen. Alfred Polgar

Nachdem wir oben den Staat als potentiell bösen Buben ausgemacht haben, der entweder aus politischer Feigheit oder sogar mit Absicht Inflation herbeiführt (römische Soldatenkaiser, Kriegsführung), stellt sich jetzt die Frage: Ist er auch immer real der Inflationsgewinner, wenn die Inflationsrate im Bereich von 1 – 4 % pendelt, was eine in Friedenszeiten in Deutschland öfter anzutreffende Inflationsrate bedeutet?

Auf der Einnahmenseite ist bspw. eine über 6 Jahre dauernde Inflation von 3,1 % p.a. mit einem Preisindexanstieg von 100 auf 120 verbunden (= $1,031^6$). Die Wirtschaft wachse nicht, stellt also in jedem Jahr real die gleiche Gütermenge her. Wir unterstellen, dass die nominalen Bruttolöhne in diesen fünf Jahren ebenfalls um 20 % steigen.

- Zunächst sei die **Lohn- und Einkommensteuer** betrachtet. Dann wachsen vor allem mittlere Einkommen in der Progressionszone nominell nach oben und bezahlen prozentual mehr Steuern als vorher – und das ohne einen entsprechenden Gesetzesbeschluss im Parlament.

Das Ehepaar in unserem obigen Beispiel versteuerte im Jahr 0 noch 50.000 €. Die Gewerkschaften setzen etwa einen Inflationsausgleich durch. Dank der Inflation steigt dann sein (zu versteuerndes) Nominaleinkommen jetzt auf 60.000 €, was aber seine Steuerbelastung bei gleicher Steuertabelle um 3.000 € im Jahr erhöht, obwohl es **real nicht reicher** geworden ist.

Obgleich das Ehepaar somit nur einen Inflationsausgleich im Bruttolohn hatte, ist es real ärmer dran als vorher: Der Staat nimmt ihm 250 € monatlich mehr Steuern ab als vorher. Angemessen wären jedoch 137 €, um den Realwert der Steuer zu sichern. Durch das Festhalten am Nominalwert in den Steuertabellen ignoriert der Staat die faktische Inflation und tut fälschlicherweise so, als wären die meisten Arbeitnehmer tatsächlich real „reicher" geworden.

Für Geringverdiener ist dieser Effekt nicht so stark. Diese Gruppe spürt jedoch andererseits die reale Auszehrung der jedem Berufstätigen gewährten pauschalen **Steuerfreibeträge** am meisten.

- Bei der **Umsatzsteuer** ist der Staat weder Inflationsverlierer noch –gewinner. Diese wird ja proportional zu den Wertgrößen in einer Volkswirtschaft erhoben und solange daran real nichts wesentliches passiert, bleibt die Einnahmeposition des Staates real unverändert.
- Bei den **Mengensteuern** ist der Staat wiederum Verlierer, da deren Bemessungsgrundlage eine Mengengröße (Liter Benzin, kg Kaffee) ist, die annahmegemäß unverändert bleibt. Wenn dafür die nominellen Steuersätze (€/Liter, €/kg) nicht nominal erhöht werden, sinkt der reale Wert dieser Einnahmen, ebenso für Gebühren und Beiträge.

Beispiel: Alle typischen Haushalte hätten **heute durchschnittlich 20 % Ausgaben für Benzin, Alkohol, Tabak**. Die Mengensteuern mit heute 50 % Anteil am Benzin-, Alkohol- und Tabakpreis bleiben konstant, alle übrigen Preise ohne Mengensteuern steigen um 11,11 %. Damit beträgt die Inflationsrate 10 %. Die Bruttolöhne steigen mit dieser Inflation ebenfalls um 10 %.

Ein starker Raucher mit benzinfressendem Auto und hohem Alkoholkonsum kann im Endergebnis bei den Mengensteuern real so stark entlastet werden, dass eine noch geringe Progressionswirkung bei der Einkommensteuer im Ergebnis dennoch etwa ausgeglichen wird, wie folgende Tabelle verdeutlicht.

	Mengensteuern	Periode 0	Periode 1
Brutto-Einkommen		3.000 €	3.300 €
Einkommensteuer		1.000 €	1.120 €
Netto-Einkommen		**2.000 €**	*2.180 €*
Tabak, Alkohol, Benzin	*(Anteil heute 50%)*	1.000 € *(500 €)*	1.056 € *(500 €)*
andere Konsumgüter	Anteil 0%	1.000 €	1.111 €
		2.000 €	*2.167 €*

Bei seinem Lebenswandel ist seine **individuelle Inflationsrate** (mit 8,35 %) geringer als die 9 % Steigerung, die er progressionsbedingt als **Nettoeinkommen** mehr hat. Mit seinem speziellen Warenkorb ist er real trotz der Progression bei der Einkommensteuer noch Inflationsgewinner, denn er kann seinen realen Konsum sogar gering erhöhen.

Auf der **Ausgabenseite des Staates** gibt es ebenfalls drei in den Größenordnungen wichtige Positionen, die von der Inflation tangiert werden:
- Beim Staat arbeiten Polizisten, Lehrer, Richter, Verwaltungsangestellte etc. Seine **Personalkosten** steigen etwa proportional zur Inflationsrate im Durchschnitt auch an, es sei denn, dass deren Arbeitsproduktivität dank Computern, besserer Organisation, ... sehr stark steigt.
- Der Staat tätigt viele Bauinvestitionen für Verwaltungsgebäude, Verkehrsinfrastruktur, Schulen, etc. Wenn in den ersten Jahren der Inflation eine „Flucht ins Betongold" geschieht, werden **staatliche Bauleistungen** sogar überproportional teurer. Dann ist der Staat real Inflationsverlierer. Da sehr viele Bauten in Kommunen errichtet werden, betrifft dies vor allem Städte und Gemeinden.
- Der Staat tätigt für längerfristige Investitionen viele Ausgaben auf Kredit. Wenn sich die Nominalzinssätze inflationsbedingt erhöhen, muss er für neue Schulden sofort und dann sukzessive für seinen (Alt-)Schuldenbestand mehr laufende **Zinszahlungen** aufbringen.

Je nach Gewichtung dieser Einflussgrößen ergeben sich die Gesamteffekte der Inflation für den Staat.

Ergebnis: Ob der Staat auf der **Einnahmen**seite Inflationsgewinner ist, hängt von der anteiligen Bedeutung der drei Typen von Steuern ab.

Nur bei der progressiven Einkommensteuer ist er Inflationsgewinner, bei den Mengensteuern Verlierer.

Auf der **Ausgaben**seite sind die sektoralen Preissteigerungen bei Bauleistungen sowie die Geschwindigkeit der Zinsanpassungen für den Schuldenbestand entscheidend für Gewinner- oder Verliererposition.

Wenn der Staat sich in Niedrigzinszeiten hoch verschuldet hat, kann ihn der inflationsbedingte Zinsanstieg, der ja auch für den bestehenden Bestand der Altschulden zumindest mittelfristig wirkt, in zusätzliche Belastungen bringen.

18. Gibt es auch Staatsversagen?

Sie werden es nicht glauben, aber es gibt soziale Staaten, die von den Klügsten regiert werden: Das ist bei den Pavianen der Fall. **Konrad Lorenz**

Von „**Marktversagen**" wird gerne gesprochen. Das war z.B. die Quelle enormer Umweltprobleme für Luft und Gewässer bis in die 1980er Jahre. Jeder einzelne Emittent hielt seinen kleinen Beitrag für vernachlässigbar. Wenn aber Millionen Autos mit bleihaltigem Benzin und ohne Katalysator zur Reinigung der Stickoxide über tausende von Kilometern unterwegs sind, dann ist bald die Luftqualität doch sehr im Argen.

Ohne eine staatliche Vorgabe für bestimmte Obergrenzen der zulässigen Emissionen hätte der Marktmechanismus keine Lösung gefunden, weil Luftqualität den Charakter eines „öffentlichen Gutes" hat. Man siehe auch das Deichbeispiel in Kapitel 7.

Aber vom „Staat" erwarten manche Bürger Wunderdinge, als könnte er quasi über Nacht die Welt schöner und gerechter werden lassen, was natürlich faktisch nicht geht.

In der Realität kommt es oft noch schlimmer: Die Rechnungshöfe von Bund und Ländern schreiben jedes Jahr lange Listen von unsinnig geplanten oder unvollendeten Projekten auf. Staatliche Planung hat hier sogar oft kläglich versagt.

Als im Januar 2015 die Schweizer Notenbank die bis dahin bestehende politisch erklärte Bindung des Franken an den Euro-Kurs aufhob und der Franken daraufhin teurer wurde, waren die Kämmerer vieler Großstädte entsetzt. Ohne Kurssicherungsgeschäfte wurde ihre Rückzahlungspflicht für aufgenommene Kredite in Schweizer Franken um einige Millionen € höher: ein Anfängerfehler! Parteifreunde oder Juristen üben oft solche Ämter aus, nicht unbedingt Ökonomen.

Staatliche Planer halten sich häufig für nahezu „unfehlbar", oder sie vollziehen den politischen Willen „von oben". Selbst wenn es ihnen nicht geheuer ist, so könnte energisches Nachfragen der eigenen Karriere schaden. Ein Unternehmenslenker kann und wird bei gravierenden Fehlern abgesetzt. Wenn Politiker völlig daneben greifen und ihre ganz großen „Lieblingsprojekte" schließlich gegen die Wand fahren, passiert ihnen selten etwas. Man denke beispielsweise an den Berliner Flughafen, die Hamburger Elbphilharmonie oder einen Freizeitpark am Nürburgring.

Zuerst werden die geschätzten „Kosten" des Projekts klein gerechnet, damit es als politisches Denkmal für Politiker A oder B überhaupt auf den Weg kommt. Dann entdecken die Bauherren teure Sonderwünsche oder aus Sicherheitsgründen notwendige Nachbesserungen etc., bis das Projekt deutlich mehr als die ursprünglich angegebenen Beträge kostet und zudem erst viele Jahre später als geplant fertig gestellt wird.

Diese Mechanismen sind allen Beteiligten bereits vorher bekannt, hindern sie aber dennoch nicht, an ihrem „Lieblingsprojekt" festzuhalten.

Ebenfalls ärgerlich sind Gesetzeswerke, deren Konsequenzen vorher (mangels Sachverstand zum Gegenstand) nicht durchschaut wurden. Schuld an politisch unerwünschten Ergebnissen sollen dann zunächst immer andere sein.

Der Autor hat es persönlich erlebt, wie bei einer Kartellamtsanhörung zunächst „böse Konzerne" des Fehlverhaltens verdächtigt wurden. Als dann klar wurde, dass dieses Verhalten in der Logik des verabschiedeten Gesetzes gelegen hatte, fiel von Abgeordneten des Bundestages sinngemäß der Satz: „So haben wir das nicht gewollt!" Immerhin hatten sie das Gesetz mit verabschiedet, aber offensichtlich nicht voll verstanden.

Oft genug sind die im komplizierten Gesetzgebungsprozess über mehrere Jahre entstandenen Regeln wiederum so komplex, dass sie von den später Regierenden nicht verstanden und deshalb im geänderten Umfeld nicht angemessen angewendet werden. Oder ein neu beschlossenes Gesetz X widerspricht in der Umsetzung in Teilen einem Gesetz Y, das vor 20 Jahren verabschiedet wurde. Man merkt es zu spät.

Aus dem Wiederwahl-Rhythmus von 4 – 5 Jahren ergibt sich zudem tendenziell eine systematische Vernachlässigung strategisch wirkender und zunächst kurzfristig oft unpopulärer Entscheidungen: Die positiven Wirkungen kommen zu spät für die heute Regierenden.

Es war bspw. beim Ausbau der zivilen Kernkraftnutzung in den Jahren ab 1970 deutlich, dass ein Endlager für die über einige 100.000 Jahre sicher zu lagernden radioaktiven Brennelemente zu bauen war. Diese Zeit ist deshalb erforderlich, weil in den „abgebrannten" Brennelementen durch den gewollten Neutronenfluss aus dem reichlich vorhandene Uran U_{238} quasi nebenher kleinere Mengen (im Kilogrammbereich) Plutonium **Pu_{240}** entstehen. Dieses künstliche Element ist nicht nur hoch-radioaktiv, sondern auch schon in sehr kleinen Mengen hochgiftig. Dummerweise hat es eine extrem lange Lebensdauer (Halbwertszeit für den Zerfall 24.000 Jahre): Es muss daher in einem Endlager für mehrere 100.000 Jahre von der Biosphäre sicher ferngehalten werden. Aus 1 Kilogramm Plutonium wird nach 96.000 Jahren erst 62,5 g Plutonium – immer noch lebensgefährlich in der Biosphäre der Erde. Nach weiteren 96.000 Jahren sind noch 4 Gramm vorhanden.

Man schob das Problem durch mancherlei Umdeutungen und politische Verzögerungen so lange vor sich her, dass es absehbar erst weit nach 2040 angegangen werden kann, wenn es dann überhaupt noch lebende Experten für Kerntechnik in Deutschland gibt! Das könnte man auch als Staatsversagen bezeichnen.

Ergebnis: Auch Politik wird von Menschen gemacht. Und politische Vorgaben werden in Verwaltungen umgesetzt.

Selbst wenn man keine bösen Absichten unterstellt, so können gerade in komplexen politischen Planungsprozessen auch Eitelkeiten, fehlende Gründlichkeit der Planung, vermeintlich gute Absichten, Karriereabsichten, politische Rücksichtnahmen und andere Einflussgrößen de facto schlechte Ergebnisse produzieren.

In einer Demokratie kann man jedoch auf die Recherchen von Rechnungshof oder Journalisten hoffen, die die gröbsten Fehler oder Versäumnisse zutage bringen. Potentielle Skandalwirkungen können abschreckend wirken, weil sie die Wiederwahlaussichten beeinträchtigen.

In nüchterner Selbsteinschätzung sollten politisch tätige Menschen immer wieder den Satz berücksichtigen: Auch der Weg zur Hölle ist meistens von guten Vorsätzen gepflastert. Am übelsten können sich Entscheidungen auswirken, deren negative Konsequenzen erst nach Jahrzehnten, dann aber sehr massiv sichtbar werden.

19. Aktien und GmbH – wozu?

Aktionäre sind dumm und frech. Dumm, weil sie Aktien kaufen, und frech, weil sie dann noch Dividende haben wollen. Carl Fürstenberg

Nehmen wir an, Sie und eine gute Freundin haben eine neue gute Idee für einige spezielle Computer-Software Pakete. Sie schreiben einige Proben davon auf, kontaktieren mögliche Kunden, z.B. Industriefirmen oder Handwerksbetriebe einer bestimmten Branche. Sie bekommen erste Aufträge, erledigen diese und bekommen Honorare. Ihre sehr gute Arbeit spricht sich herum, Ihr Internet-Auftritt und Ihre Arbeiten werden bekannt, und Sie können erstes gutes Geld verdienen.

Spätestens jetzt müssen Sie sich beide schnellstens beim zuständigen Finanzamt melden, um die Versteuerung möglicher Überschüsse und das Abführen der Mehrwertsteuer anzumelden. Sie erzielen ja ab jetzt richtige Einnahmen, und Ihre Wertschöpfung ist auch nicht ohne.

Ihre Privatfirma existiert zunächst als **Gesellschaft des bürgerlichen Rechts** (GbR). Das ist haftungsrechtlich durchaus schwierig, denn in dieser Rechtsform haften Sie mit Ihrem gesamten Privatvermögen. Wenn Sie dann noch einige Informatik-Studenten und einige Programmierer einstellen, brauchen Sie für die ordnungsgemäße Buchführung bald eine eigene Bürokraft. Und plötzlich stellt sich Ihnen die Frage: In welcher Rechtsform wollen wir die bisherige kleine Firma weiter führen? Das Haftungsrisiko kann schon jetzt zum Problem werden; Summen beträchtlicher Beträge können anstehen.

Die einfachste Form wäre die einer GmbH = **Gesellschaft mit begrenzter Haftung**. Zu deren Gründung ist ein Stammkapital von mindestens 25.000 € nötig. Das sollten Sie bald nach der erfolgreichen Startphase mit ihrer Partnerin zusammen haben. Sie haben bereits eine GbR aufgebaut, also eine so genannte „Vorgründungsgesellschaft". Wenn die GmbH in das Handelsregister eingetragen ist, gilt die eingeschränkte Haftung. Sie brauchen nun einen Geschäftsführer, was aber auch einer von ihnen beiden sein kann.

Diese GmbH entwickelt sich auf Grund ihrer guten Ideen und Geschäftsmodelle sehr dynamisch und nach einigen weiteren erfolgreichen Jahren kommen sie an einen Punkt, wo sie die Wahl zwischen weiter „klein, aber fein" oder aber stärkerem Wachstum in neue größere Aufgaben und Märkte haben werden. Wenn Sie sich für letzteres entscheiden, benötigen sie weit mehr Kapital, als sie es bisher gewohnt waren.

Eine **Aktiengesellschaft** (**AG** in Deutschland) ist eine spezielle Kapitalgesellschaft, deren **Grundkapital** (analog dem Stammkapital einer GmbH) hier jedoch in Aktien gestückelt ist: Sofern Sie damit an die Börse gegangen sind – wofür Sie natürlich die Vielzahl der neuen Aktionäre über ihren Geschäftsplan, bisherige Entwicklung, absehbare Zukunftsplanungen etc. in einem Prospekt aufklären müssen – können Sie jetzt den größeren Kapitalbedarf ihrer neuen AG durch Emission, d.h. Ausgabe von Aktien decken.

Die Haftung einer AG ist nur durch das Grundkapital gegeben: Wenn die Firma nach zwei Jahren pleite macht, ist maximal dieses Vermögen der Aktionäre (= Anleger) verloren. Somit kann es einem Anleger durchaus passieren, dass er in guten Zeiten 800 Aktien für 25 €/Stück gekauft hat. In nachfolgenden schlechteren Zeiten fällt der Kurs dieser Aktie auf 5 €: Statt der 20.000 € hat man plötzlich nur noch 4.000 €. Das nennt man „Kursrisiko".

Werden die Aktien an der Börse gehandelt, wird dort jetzt (werk-)täglich ein neuer Kurs festgelegt. Falls sie als Emissionskurs bspw. 25 €/Aktie festgelegt hatten und die geplante Menge 120.000 Stück Aktien wurde abgesetzt, so hat ihre neue Firma jetzt 3,0 Millionen € frisches Kapital für Investitionen. Dann zeigt ein steigender Kurs an, dass die Aktionäre ihrer AG eine gute Entwicklung zutrauen; umgekehrt deutet ein sinkender Kurs auf schlechtere Geschäftsaussichten.

Die Aktionäre können auf Aktionärsversammlungen prinzipiell ihr Stimmrecht ausüben. Wenn es allerdings große Aktienpakete im Besitz von wenigen Gruppen oder Familien gibt (bei Volkswagen: das Land Niedersachsen und die beiden Familien Piech und Porsche), sind natürlich selbst zahlreiche Kleinaktionäre i.d.R. zu schwach, um mit ihrem doch geringen Stimmrecht Einfluss auszuüben.

Die AG hat viele Aktionäre, die deshalb ihre Aktien halten, weil sie auf **steigende Kurse** und/oder Gewinnausschüttungen (sog. **Dividende**) hoffen. Für die Aktionäre ist beides eine Form von Verzinsung: Wenn diese Ihre Aktie bei 30 €/Stück gekauft hatten und sie steht nach zwei Jahren bei 35 € und sie haben zudem jedes Jahr 75 Cent/Aktie ausgeschüttet, dann hat der Aktionär in diesen beiden Jahren 6,50 € hinzu bekommen, was <u>etwa einer</u> jährlichen Rendite von ca. 10,3 % entspricht: ($\sqrt[2]{36,5/30} - 1$). Das **Kursrisiko** besteht allerdings immer.

Die Geschäfte dieser Gesellschaft werden nicht mehr von einem „Geschäftsführer", sondern von besonderen Organen geführt: In der Regel sind dies der Aufsichtsrat (AR) und der vom AR bestellte **Vorstand**.

Der dauerhafte Bestand des Unternehmens wird damit von seinen noch lebenden Eigentümern unabhängig: Als Steve Jobs gestorben ist, hat dennoch Apple als innovatives Unternehmen weiter existiert.

Im Ausland gelten jeweils eigene Regelungen für die Namen und die Details der rechtlichen Gegebenheiten für Aktiengesellschaften. Bevor man dort aktiv wird, sollte man sich darüber sehr genau informieren.

In so genannten **Aktienindices**, die aus einer gewichteten Mischung unterschiedlich großer Aktiengesellschaften gebildet werden, kann man als Anleger eine gesamtwirtschaftliche Auf- oder Abwärtsbewegung sehen. Der bekannteste ist der deutsche Aktienindex (abgekürzt: **DAX**) mit den 30 größten Unternehmen wie Daimler, Allianz, Deutsche Bank, SAP, Merck, RWE, BASF, Siemens, Bayer, Lufthansa, etc.

Ergebnis: Die kleinste Form eines Unternehmens ist die GbR oder auch die Ein-Mann-GmbH. Mittelgroße Firmen sind oft als GmbH aufgestellt.

Sehr große Unternehmen, die den Zugang zu großen Kapitalbeträgen benötigen, firmieren als Aktiengesellschaft. Wenn die Aktien letzterer an der Börse gehandelt werden, lässt sich der aktuelle Unternehmenswert aus der Zahl der Aktien multipliziert mit dem Tageskurs ermitteln.

Laufende Einkünfte erzielt ein Aktionär durch die (jährlichen) Dividendenzahlungen der AG und indirekt durch Kurssteigerungen. Umgekehrt können selbst 1,50 € Dividende /Aktie keine Freude auslösen, wenn der Aktienkurs im gleichen Zeitraum um 6 € gefallen ist: Per Saldo erzielt der Anleger dann doch einen Vermögensverlust.

20. Ist der Handel mit ausländischen Märkten sinnvoll?

Wenn mein Unternehmen nur für Deutschland produzieren würde, könnten wir den Betrieb jeden Dienstag um elf Uhr schließen. Martin Kannegießer

Man hört an Stammtischen manchmal den Spruch „Jeder soll ein japanisches Auto fahren, sofern er sein Gehalt in Yen bekommt!" Manche Menschen halten das für eine patriotische Einstellung. In Wirklichkeit ist dieser Spruch natürlich reichlich schlecht durchdacht.

Die deutsche Industrie ist in vielen wichtigen Bereichen heute längst nicht mehr nur auf Deutschland oder Europa als Absatzmarkt konzentriert, sondern verkauft ihre Produkte weltweit. Spiegelbildlich muss man dieses Recht natürlich auch unseren Handelspartnern zugestehen.

Das wirft die Frage auf, warum es den internationalen Handel überhaupt gibt und ob er vorteilhaft ist. Im Grunde geht es um ähnliche Argumente wie bei Vorteilen der Arbeitsteilung im Inland: Der **relative** Produktivitätsvorsprung bestimmter Arbeitskräfte weist ihnen dort den Spezialisierungsvorteil zu.

Im Außenhandel ist es etwas komplizierter in der Argumentation:

- Es kann Außenhandel einfach auf Grund der praktischen **Nicht-Verfügbarkeit bestimmter Güter** (zu vertretbaren Kosten) im Inland geben. So gewinnt Deutschland derzeit nur unter 3 % des Ölverbrauchs im Inland; die benötigten restlichen 97 % müssen importiert werden. Aber auch Kaffee, Oliven oder Ananas lassen sich in Deutschland aus naturgeographischen Gründen nicht zu ähnlichen Kosten wie im von der Natur dafür begünstigten Ausland produzieren: Es wäre einfach wahnsinnig teuer.

- Der **technische Entwicklung**sstand und Ausbildungsstand der einzelnen Volkswirtschaften ist unterschiedlich. Nur dort, wo man hoch qualifizierte Wissenschaftler und Ingenieure seit Jahrzehnten ausgebildet hat, kann man bestimmte Spezialmaschinen z.B. in der Medizintechnik oder kleinste Ventilatoren in der international begehrten Qualität produzieren.

Nun könnte **technisches Wissen** ja einfach grenzüberschreitend wandern: Das Interesse zahlreicher Besucher auf der größten Industriemesse in Hannover, versteckt Fotos zu machen, spricht bspw. dafür. Dieses Kopierbedürfnis kann man eine Zeitlang unterbinden und ausbremsen, ganz verhindern lässt es sich nicht.

So ist etwa der Aufstieg Japans zu einer Industrienation im 20. Jahrhundert in manchen Bereichen zumindest anfangs sehr stark auch vom Kopieren westlicher Technologie getrieben worden. Noch in den siebziger Jahren hat man in Europa über japanische Autos nur milde gelächelt.

- Die unterschiedliche **relative Ausstattung der Volkswirtschaften** mit Bodenschätzen, landwirtschaftlich nutzbaren Flächen, Sonneneinstrahlung, Sachkapital (Maschinen, Gebäude, Werkzeuge) und unterschiedlich gut geschulten Arbeitskräften erklärt bei angenommen gleicher Kenntnis der Technik dennoch, dass es für die einen Güter dauerhaft relative Kostenvor- und für andere relative Kostennachteile gibt. Massen- und Standardware bei arbeitsintensiv herzustellenden Textilien wird beispielsweise schon lange Zeit wenig und für bestimmte einfache Qualitäten fast nicht mehr in Deutschland produziert.

Und nur Länder mit großen landwirtschaftlichen Flächen (im Verhältnis zu ihrer Bevölkerung) sind zum Beispiel als Getreideproduzenten für den Weltmarkt aufgestellt.

- **Geschmacksdiversifizierung** führt dazu, dass deutsche Konsumenten französischen Cognac kaufen und französische Verbraucher deutsches Bier oder einen österreichischen Obstbrand. Obwohl alle in der Statistik als „alkoholische Getränke" einheitlich aussehen, sind sie aus der Sicht der Konsumenten zu Recht sehr unterschiedliche Güter.

Man stelle sich nur einmal hypothetisch vor, jedes Land hätte abgeschottete Grenzen ohne Außenhandel. Das hätte gravierende Konsequenzen nicht nur für die Arbeitsplätze, sondern auch für die Güterversorgung in Deutschland.

Deutsche Verbraucher müssten Benzin aus sehr teurer einheimischer Kohle gewinnen, hätten keine der derzeit beliebten Smartphones, und selbst das erfolgreiche europäische Flugzeugprojekt Airbus gäbe es auch nicht.

Umgekehrt würden manchen deutschen exportorientierten Unternehmen so viele internationale Absatzmärkte fehlen, dass sich die Produktion nur für den zu kleinen deutschen Markt nicht einmal lohnte: Die Größenvorteile einer Serienproduktion könnten kaum genutzt werden.

Ölexportländer wie Saudi-Arabien oder Kuwait sind existenziell auf Außenhandel angewiesen: Oder sollen sie ihr Öl nur selbst verbrauchen? Teilweise verarbeiten sie das ja bereits in Raffinerien oder in der Petro-Chemie. Größere Mengen Rohöl exportieren müssen sie angesichts der Höhe ihrer Förderung immer noch. Die Ölförderung von Kuwait lag bspw. 2015 in einer Größenordnung von rund 400.000 t täglich. Das bedeutet: Jeden Tag schickt Kuwait einen Supertanker voller Rohöl auf die Reise ins Ausland!

Anmerkung: Im US-amerikanischen Zahlensystem zählt man anders als im kontinental-europäischen. Die Zahl 10^9 heißt hier in Europa eine **Milliarde**, wohingegen sie in den USA als eine **Billion** (bn) bezeichnet wird. Dagegen heißt die Zahl 10^{12} in Deutschland eine Billion: Dies ist eine Quelle für sehr große und manchmal peinliche Missverständnisse – auch bei Journalisten!

Beim Interpretieren der Zahlen sollte man die Unterschiede ab 10^9 kennen und berücksichtigen. Das deutsche Bruttoinlandsprodukt (BIP) = Wert aller im Inland produzierten Güter und Dienstleistungen betrug im Jahr 2015 rund 3.025 Mrd. €, d.h. 3,025 Billionen € in deutscher Zählung.

In amerikanischer Zählung wären „2 billion $" dagegen das US-BIP einer einzigen Stunde, denn 2 Mrd. $/Stunde entspricht 17.520 Mrd. $ p.a. was ca. 15.650 Mrd. € jährlich ergibt. Die Einwohnerzahl der USA ist ja knapp viermal so groß wie die von Deutschland.

Ergebnis: Eine fiktive Welt mit Handel nur innerhalb der nationalen Grenzen würde erhebliche Einbußen an Wohlstand mit sich bringen. Gerade kleinere Länder mit wenigen Millionen Einwohnern sind auf den Austausch mit dem Ausland angewiesen.

Dementsprechend sind die Exportquoten (bezogen auf das gesamte Inlandsprodukt) von den Niederlanden oder Deutschland deutlich höher als etwa für die USA.

21. Wie wirken Zölle?

Für vernünftig halten wir alle, die unserer Meinung sind. **Winston Churchill**

Man beobachtet im internationalen Handel politisch gesetzte Handelshemmnisse. Über diese können Exporteure zwar manchmal springen, aber die Güter verteuern sich dadurch. Häufig geschieht dies durch Einführung eines Zolls, d.h. einer festen Abgabe für grenzüberschreitende Lieferung von Gütern.

Die Außenhandelsströme durch so genannte protektionistische („die inländischen Produzenten beschützende") Politikmaßnahmen zu beeinflussen, ist zwar gegen die Idee des Freihandels, wird aber realiter immer noch oft praktiziert. Dazu gehören neben den **Zöllen** auch so genannte **nicht-tarifäre Handelshemmnisse**.

Zu letzterem ein Beispiel: Als im vorigen Jahrhundert die Videorecorder aufkamen, gab es zunächst drei technische Systeme. Da die japanische Firma Panasonic am schnellsten sehr große Kapazitäten für das VHS-System aufbaute, befürchtete Frankreich, mit einem eigenen technisch etwa gleichwertigen System ins Hintertreffen zu geraten. Einige Monate vor dem entscheidenden Weihnachtsgeschäft führte die französische Regierung prompt eine Überprüfungs- und Anmeldepflicht für VHS-Recorder ein, der die Importeure im Landesinneren nachkommen mussten.

Dies erschwerte die pünktliche Auslieferung zum Dezember in die Fachgeschäfte erheblich, wirkte also faktisch als Handelshemmnis, ohne dass sichtbar ein Zoll erhoben wurde. Es hat aber auf Dauer den Erfolg des VHS-Systems für einige Jahrzehnte nicht aufhalten können. Diese Technik wurde inzwischen allerdings durch Festplattenrecorder, USB-Sticks, Tablets u.ä. abgelöst.

Listen von **Standards oder Industrie-Normen** können faktisch protektionistische Folgen haben. Als sich beispielsweise Europa auf einheitliche Schrauben-Normen geeinigt hatte, führten die USA eine geringfügig andere Schraubennorm ein. Wegen der Verwechselungsgefahr (amerikanische Schraube – europäische Mutter) war dies sogar gefährlich.

Mit Hilfe derartiger Praktiken versuchen manche großen Wirtschaftsräume, faktisch doch teilweisen Schutz für ihre heimische Wirtschaft zu fördern.

Ein **Zoll** kann vom Inland auf Importgüter oder auf Exportgüter erhoben werden, wobei letzteres viel seltener praktiziert wird. Ein Importzoll verteuert das ausländische Produkt (französischer Cognac), so dass es im Extremfall komplett durch inländische Produkte (deutscher Weinbrand) ersetzt wird. Im allgemeinen schützt er die einheimischen Produzenten jedoch nur teilweise: Es wird Liebhaber geben, die trotz der Verteuerung immer noch den echten Cognac bevorzugen.

Das einzige Motiv für solche Importgüterzölle, das aus ökonomischer Sicht noch vernünftig erscheinen kann, ist für ein Land der Dritten Welt gegeben, das eine eigene Produktion (z.B. Autoindustrie) über zehn Jahre aufbauen möchte, dafür einen hinreichend großen Inlandsmarkt hat, und vorübergehend dem ausländischen Druck ausgereifter Industrien entgehen möchte, bis es technisch aufgeholt hat.

Unter einem solchen **Zollschutz für junge Industrien** hat etwa Indien eine funktionierende Autoindustrie aufgebaut, die sogar im März 2008 zwei bekannte europäische Marken übernahm. Dieses Argument für „infant industries" gilt aber nur für ganz bestimmte Branchen und technische Möglichkeiten und vor allem: Es gilt nur für eine begrenzte Zeit.

Je nach Größe des Zoll erhebenden Landes kann es unterschiedliche **Zollwirkungen** ergeben: Man stelle sich nur hypothetisch vor, die USA, Kanada und die EU würden gemeinsam einen Importzoll auf Mineralöl einführen. Das würde Großbritannien, USA und Kanada mit ihren Ölvorkommen massiv begünstigen. Saudi-Arabien und Russland wären jedoch negativ betroffen, so dass der Weltmarktölpreis eventuell sinken würde.

So weit, so gut. Das wäre ja zum Vorteil wenigstens einiger Länder. Und wenn das unseres ist, könnte man es ja machen!

Jetzt kommt aber ein anderes Argument zum Tragen. Was passiert, wenn die betroffenen Ölexportländer ihrerseits als Vergeltung Zölle auf Industriegüter wie Autos, Kraftwerke u.ä. einführen? Dann hätten alle in der Summe gegenüber dem Ausgangszustand eventuell verloren. Das, was einige Branchen unter dem Zollschutz hinzugewinnen, verlieren andere auf Grund wegbrechender Exportaufträge.

Vor der leichtfertigen Anzettelung eines „Handelskriegs" sollte man sich deshalb dreimal überlegen, ob man alle Konsequenzen für die eigenen Arbeitsplätze und Wohlstand überschaut.

Seit 1995 gibt es die **Welthandelsorganisation** (Englisch: WTO = World Trade Organisation), die durch Zollsenkungsrunden den internationalen Handel mit Gütern voranbringen will (Fortsetzung der GATT-Abkommen, auf Englisch General Agreement on Tariffs and Trade), diese auf Dienstleistungen ausdehnt und schließlich Regelungen zum Schutze geistigen Eigentums (Patente, Urheberrechte, u.ä.) finden soll.

Mit letzterem soll das Problem des Abkupferns und der Produkt-Piraterie bekämpft werden: Wenn Patentschutz einer wertvollen Erfindung nur innerhalb der EU gelten würde, gäbe es bald keinen Anreiz mehr, teure Experimente und Forschung zu finanzieren. Andererseits kann man ja auch nicht jede geringfügige Verbesserung einer Technik unter „Patentschutz" für weitere 20 Jahre stellen, nur weil das alte Patent nächstes Jahr auslaufen würde.

Innerhalb dieses weltweiten Rahmens gibt es noch eigene weiter gehende Integrationsräume wie etwa die Europäische Union (EU).

Zur Zeit laufen Verhandlungen zwischen der EU und Nordamerika (USA und Kanada) über jeweils eigene Freihandelsabkommen, d.h. neue Spielregeln für den Handel. Das Ergebnis ist bei Manuskriptabschluss noch nicht abzusehen.

Ergebnis: Freier internationaler Handel von Gütern ist potentiell wohlfahrtssteigernd für die beteiligten Länder.

Schutz von geistigem Eigentum erweist sich in der Umsetzung als ein sehr schwieriges Kapitel.

Weil es nicht weltweit zu schnellen Zollsenkungen kommen konnte, bildeten sich eigene große regionale Integrationsräume, auch mit intern anderen Regeln als die EU.

22. Warum gibt es die EU?

Der Tag wird kommen, an dem der Hass, der im Krieg unvermeidlich scheint, überwunden wird. Einmal muss das Europa Wirklichkeit werden, in dem Europäer leben können. **Willy Brandt (1943)**

Die Vorläuferorganisationen der **Europäischen Union** (EU) waren drei europäische Organisationen:

- Die oft auch Montanunion genannte **Europäische Gemeinschaft für Kohle und Stahl** (1951 - 2002) gab den Mitgliedstaaten Frankreich, der Bundesrepublik Deutschland, Italien, Belgien, Niederlande und Luxemburg zollfreien Zugang zu Kohle und Stahl innerhalb der Mitglieder. Eine Hohe Behörde sollte für die Kohle- und Stahlproduktion gemeinsame Regelungen schaffen. Die EGKS war somit die erste supranationale Organisation in Europa.

Im Kern entstand sie aus den schlechten Erfahrungen des 2. Weltkriegs, wo die Verfügbarkeit von Kohle und Stahl für die Kriegsführung und die Rüstungsindustrie existenziell wichtig gewesen war. Die angestrebte Aussöhnung der anderen europäischen Staaten mit der neuen Bundesrepublik Deutschland konnte man sich auf Dauer nur in einem solchen europäischen Rahmen verlässlich vorstellen.

- Die **Europäische Wirtschaftsgemeinschaft (EWG)** wurde 1957/58 mit den Verträgen von Rom gegründet. Sie sollte generell interne Zölle und Handelshemmnisse abbauen. Die Mitgliedstaaten bei der Gründung waren dieselben wie in der Montanunion.
- Zeitlich parallel mit den sog. Römischen Verträgen (März 1957) wurde die **Europäische Atomgemeinschaft (EURATOM)** gegründet. Deren Ziel war die friedliche Nutzung der Kernenergie und dazu eine gemeinsame Forschung zu leisten, sowie die Sicherheitsstandards zu vereinheitlichen.

Auch wenn dieser schrittweise Zusammenschluss europäischer Staaten, welcher in den nachfolgenden Jahren immer mehr Mitglieder umfasste, zunächst von der Ökonomie getragen wurde, war das zugrunde liegende Konzept ein sehr politisches. In den ersten Jahrzehnten ging es um Vertrauensbildung in den 1949 neu entstandenen Staat „Bundesrepublik Deutschland". Auf (west-)deutscher Seite arbeiteten Bundeskanzler Adenauer und auf französischer Seite der Außenminister Schumann und Staatspräsident de Gaulle an diesem Projekt, das letztlich unter anderem zu einer Wiedereingliederung Deutschlands in die Weltgemeinschaft führte.

Auch wenn das heute nur noch sehr schwer vorstellbar ist: Der von Deutschland ausgegangene 2. Weltkrieg war in den fünfziger Jahren noch sehr frisch in den Erinnerungen der europäischen Völker. Eine Versöhnung zwischen etwa Frankreich und der Bundesrepublik Deutschland bereits ab Ende der 50er Jahre erschien wie ein politisches Wunder, war doch jahrzehntelang eine „Erbfeindschaft" zwischen diesen beiden Staaten in den Köpfen vieler Mittel-Europäer quasi sicher gesetzt und das Leid des Krieges noch sehr in den Erinnerungen. Allein deshalb war in Mitteleuropa die begeisterte Zustimmung für eine sich abzeichnende (west-)europäische Zusammenarbeit sehr groß.

Wer wie der Autor (als 14-jähriger Junge) die sehr versöhnliche Rede de Gaulles 1962 in Deutschland im Radio miterlebt hat, kann das zunächst eigentlich Unfassbare begreifen.

Und angesichts der bald sichtbaren **wirtschaftlich positiven Erfahrungen** mit der EWG wollten immer mehr Länder Mitglied dieses Clubs werden. Deshalb trat auch Anfang der siebziger Jahre das Vereinigte Königreich (engl. United Kingdom = UK; Großbritannien) zur Überwindung der wirtschaftlichen Flaute im eigenen Land in die EWG ein. Es gehörte aber immer zu den Staaten, welche die weitere politische Integration Europas eher ablehnten.

In den siebziger Jahren folgte die „Norderweiterung", in den achtziger Jahren die „Süderweiterung", dann nach dem Zusammenbruch der Sowjetunion die Erweiterung um die klassischen neutralen Staaten Schweden, Finnland und Österreich im Jahr 1995. In den Jahren 2002-2014 konnten zahlreiche osteuropäische Staaten sowie Malta und Zypern und erst zuletzt Kroatien in die EU aufgenommen werden.

Durch Schaffung neuer Institutionen wie dem **Europäischen Gerichtshof** (EUGH, 1958) oder der Vorstufe zum Euro in Form des **Europäischen Währungssystems (EWS)** und des **Europaparlaments** im Jahr 1979 und anderer Schritte vollzog sich eine immer engere europäische Integration.

Durch den **Vertrag von Maastricht** gingen die EWG und die EURATOM in der **Europäischen Union (EU)** auf und wurden mit dem Vertrag von Lissabon (Ende 2009) aufgelöst.

In Maastricht wurden die Einrichtung der vollständigen Wirtschafts- und Währungsunion sowie die Einführung einer **gemeinsamen Währung** für 1999 geregelt, wobei bestimmte „Disziplinvorgaben" für jeden EU-Staat vereinbart wurden, wobei diese offen zuerst von Frankreich und Deutschland in mäßigem Umfang verletzt wurden. Griechenland war mit falschen Angaben Mitglied der Euro-Zone geworden. Die Einführung der gemeinsamen europäischen Währung war auch ein sehr intensiver Wunsch Frankreichs gewesen – obwohl das Land heute mangels Reformen (verkrusteter Arbeitsmarkt, Berufsausbildung, Rolle des Staates) unter dem Euro leidet, weil es nicht mehr die Möglichkeit zur Abwertung des Franc hat.

Weitere Vertragswerke wie der von Nizza und andere folgten.

Die EU umfasst heute (im Sommer 2016) noch 28 Mitgliedsstaaten und ca. **500 Millionen Einwohner**, d.h. sie ist von der Bevölkerungszahl ein mit Nordamerika (Kanada + USA + Mexiko) vergleichbar großer Raum.

War die EWG der sechziger Jahre noch ein wirtschaftliches und politisches Projekt einer überschaubaren Gruppe von Ländern gewesen, wandelte sich die EU besonders nach 1990 zu einer viele heterogene Staaten umfassenden Groß-Organisation mit 28 Mitgliedsstaaten. Einerseits wurde damit der europäische Binnenmarkt deutlich vergrößert, andererseits aber auf Grund der Heterogenität (wirtschaftlicher Entwicklungsstand, Demokratiegeschichte, Bedeutung der Religionen, Rechtsstaatlichkeit, Ausbildungs- und Bildungsstand) der interne Zusammenhalt sehr viel problematischer.

Dies zeigte sich nicht nur in der Euro-Krise nach 2008, sondern auch bei der Flüchtlingskrise ab 2015. Aber auch Fragen, wohin die EU langfristig gehen will, sind seit einigen Jahren immer mehr umstritten: Will man langfristig eher einen gemeinsamen Bundesstaat nach Vorbild der USA, oder doch nur einen sehr losen Staatenbund, der zwar wirtschaftliche und einige andere Bereiche zentral abstimmt, aber ansonsten eine große Macht bei den Mitgliedsstaaten belässt?

Das Aufkommen eher rechts-populistischer Strömungen in der EU hat deshalb eine Vielzahl von Ursachen. Wirtschaftliche Unzufriedenheit größerer Bevölkerungsgruppen und eine Suche nach der EU als „Sündenbock" für alle möglichen Ursachen beförderte seit einigen Jahren auch eine neue Form der EU-Kritik, wobei manche Form der Kritik am bürokratischen Regulierungsdrang der EU andererseits auch berechtigt war.

Dies kulminierte in einem Mehrheitsvotum von immerhin 52 % der abgegebenen Stimmen in einer Volksabstimmung über den Austritt des UK aus der EU (Brexit).

Auch wenn dahinter ein Konglomerat aus rückwärts gewandten Großmachtsträumereien von Engländern und neuem nationalistischen Denken zu vermuten ist, so ist die ursprüngliche Idee einer „Friedensunion" durch die (teils sehr oberflächliche) Kritik am EU-Zentralismus und der Brüsseler Bürokratie verdrängt worden. Schottland, Gibraltar und Nordirland haben nicht mehrheitlich für den „Brexit" gestimmt, sind aber derzeit (noch) Teil vom United Kingdom (UK). Wie sich diese Abstimmung mittelfristig auswirkt, ist im Sommer 2016 nicht abzusehen.

> **Ergebnis:** Die in der Nachkriegszeit ab 1950 vor allem von den sechs Gründerstaaten der EWG vorangetriebene europäische Integration war zunächst stark von politischen Absichten getrieben, d.h. Frieden und Eingliederung der Bundesrepublik Deutschland in die Staatengemeinschaft im westlichen Zentraleuropa zu erreichen.
>
> Auch wenn es vom damaligen Ost-West-Konflikt stark begleitet wurde, erschien es den Deutschen (aber auch den Franzosen und Benelux-Ländern) der fünfziger und sechziger Jahre als eine sehr positive und wünschenswerte Entwicklung.
>
> Der stärkere Akzent auf die wirtschaftliche Integration ist den nach wie vor bestehenden unterschiedlichen Auffassungen zur Rolle der Nationalstaaten geschuldet. Die Auflösung der Sowjetunion ermöglichte eine EU-Osterweiterung, die bis 1990 unmöglich schien.
>
> Nicht alle EU-Staaten gehören zur Euro-Zone: Etwa Großbritannien (englisches Pfund), Polen (Zloty) oder Dänemark (dänische Krone) oder Schweden (schwedische Krone).

23. Was ist ein Wechselkurs?

Zwei Dinge können den Menschen zum Wahnsinn treiben: die Eifersucht und das Studium der Wechselkurse.
Frank Pöpsel

Die Frage nach dem Wechselkurs ist für einen Mitteleuropäer der Geburtsjahrgänge nach 1995 wenig anschaulich, leben die meisten EU-Staaten doch seit Beginn des Jahres 2002 mit dem Euro (€) als Bargeld. Ausnahmen sind etwa Großbritannien (£), Dänemark (Krone) oder Polen (Zloty). Die Zentralbank der Eurozone ist die **Europäische Zentralbank (EZB)** mit Sitz in Frankfurt/M. Nach dem US-Dollar ($) ist der Euro eine wichtige Reservewährung der Welt, d.h. ausländische Zentralbanken auch der Nicht-EU-Länder halten Währungsreserven in Euro.

Vor dem Jahr 2002 hatten die Österreicher ihre Schillinge, Italien die Lira und Frankreich den Franc. Sollte eine geplante Urlaubsfahrt durch Frankreich nach Spanien und Portugal gehen, musste man für Tanken, Essen und Übernachten die Deutsche Mark in Franc, Peseten und Escudos eintauschen. Dieses Umtauschverhältnis zwischen jeweils zwei Währungen nannte man einen **Wechselkurs**, z.B. x Francs / DM.

Je nach Abstimmung der jeweiligen nationalen Wirtschaftspolitiken hatten manche Länder fast über Jahrzehnte ein stabiles Tauschverhältnis zur DM, wie etwa Österreich, das jahrelang 7 Schillinge gegen eine DM tauschte. Mit der italienischen Lira war es anders. Die italienische Zentralbank steuerte die Geldpolitik nicht so diszipliniert wie die deutsche oder österreichische Zentralbank und ließ damit im Durchschnitt eine deutlich höhere Inflationsrate als die deutsche zu.

Was passiert dann? Offensichtlich wird ein italienischer Fiat oder Alfa Romeo in Lira über die Jahre etwas schneller teurer als ein deutsches Auto. Bliebe der Umtauschkurs der Lira zur DM über Jahre konstant, könnte Alfa Romeo in Deutschland bald Autos nur noch an wenige Liebhaber verkaufen; denn verglichen mit einem ähnlich guten BMW oder Audi wäre er schlicht zu teuer geworden.

Deshalb wurde der italienische Wechselkurs immer wieder nach unten angepasst: Erhielt man zunächst noch 500 Lire für 1 DM, so sank der Wert bis zum Ende der neunziger Jahre auf 1000 Lire für 1 DM. Dadurch konnte sich der

Preis eines Alfas in Lire getrost verdoppeln; in DM kostete er kaum mehr als vorher. Diese Wechselkursanpassung der Lira nennt man eine **Abwertung**: Die Lira ist dann ab der Anpassung gemessen in ausländischer Währung weniger wert. Eine entgegengesetzte Wechselkursbewegung wird als **Aufwertung** bezeichnet: Als Deutscher erhält man bei einer Aufwertung des Euro (€) gegenüber dem US-$ mehr amerikanisches Geld für einen USA-Urlaub.

Die italienischen (Nominal-)Zinsen waren deswegen auch generell höher als in Deutschland. Jedoch musste ein deutscher Kapitalanleger ja damit rechnen, dass die etwas höhere Verzinsung in Lira beim Rücktausch in DM nach drei Jahren durch die mittlerweile erfolgte Abwertung (für das zurück gebrachte Geld) in DM gerechnet wieder zunichte gemacht wurde, so dass er nach dem Rücktausch des höheren Lira-Betrags nicht besser dran war, als wenn er sein Geld gleich in DM angelegt hätte.

Es gibt zwei Möglichkeiten, den Umtauschkurs = Wechselkurs zwischen zwei Währungen auszudrücken, hier gezeigt am Beispiel € zu US-$. Die in Deutschland übliche **Mengennotierung** gibt an, wieviel $ man für einen Euro erhält; z.B. 1,30 $/€ bis Mitte 2014, deutlich weniger danach durch die Geld- und Wechselkurspolitik der EZB-Chef unter ihrem Chef Draghi. Wer 2013 in den USA Urlaub machte, bekam für 1000 € rund 1300 $. Bei den amerikanischen Preisen für Jeans (z.B. 65 $) oder Tennisschläger konnte man bei diesem Wechselkurs schon sehr günstig einkaufen, obige Jeans für 50 €.

In der **Preisnotierung** werden Einheiten € in Mengen US-$ angegeben – faktisch der Kehrwert der Mengennotierung (z.B. 0,77 €/$): 2013 waren 770 € rund 1000 $ wert.

Durch die **EZB-Politik** ist der Euro inzwischen **abgewertet** worden, so dass man im März 2015 nur noch 1,10 US-$ für einen Euro bekam. Die Konsequenzen sind klar:
- Der Ölpreis notiere bspw. etwa bei 65 $/b (Preis in US-$/Barrel = 159 l). Rohöl kostet beim Dollarkurs 1,30 $/€ dann genau 50 €/b. Durch die Abwertung steigt dieser Preis in Euro auf 59 €/b, d.h. eine europäische Raffinerie oder der Verbraucher muss für Güter, die auf dem Weltmarkt in Dollar fakturiert werden, 18 % mehr bezahlen als vorher. Der Verbraucher bezahlt jedes derartige Importgut teurer.

- Ein deutsches Auto koste ohne die deutsche Mehrwertsteuer 20.000 €. Dafür musste ein Amerikaner (ohne US-Steuern) zuerst 26.000 US-Dollar bezahlen. Nach der Abwertung des Euro kostet das gleiche Auto nur noch 22.000 US-Dollar, d.h. die Autoexporteure aus dem Euroraum können jetzt in den USA günstiger anbieten und auf mehr Absatz von Autos hoffen. Die Exporteure von Gütern im €-Raum gewinnen hinzu.

Ein spezielles Problem bekommen Staaten, die unverhofft bei der Mutter Natur „im Lotto" gewinnen, indem auf ihrem Boden einige äußerst ergiebige Öl- oder Erdgasquellen entdeckt werden, wie Erdgas in den Niederlanden ab dem Jahr 1960. Man denkt spontan, dass dann dieses Land ja allgemein „reicher" geworden ist. Es gibt aber auch dadurch ausgelöste mittelfristig wirksame sektorale Verwerfungen, die Verlierer an anderer Stelle erzeugt:

Durch hohe Gasexporte erzielten die Niederlande derart viele Einnahmen in ausländischer Währung, dass der holländische **Gulden aufgewertet** wurde. Manche Unternehmen, die bisher nach Deutschland oder Großbritannien exportiert hatten, verloren dann wegen der starken holländischen Währung Kunden und mussten Mitarbeiter entlassen. Diese spezielle sektorale Arbeitslosigkeit wird als **„holländische Krankheit"** bezeichnet. Die Verlierer des „Geschenks der Natur", d.h. der Erdgasfunde, sind dann Teile der bisherigen Exportindustrie und deren nach wie vor gute Arbeitskräfte. Dank des plötzlichen Zuwachses eines starken Exportsektors werden sie bei unveränderter eigener Tüchtigkeit über den Wechselkurs-Effekt der Gasexport „bestraft".

Bisher haben wir als wichtigsten Einfluss auf den jeweiligen Wechselkurs (gegenüber US-$, Englischem Pfund, …) die grenzüberschreitenden Güterbewegungen als Ex- und Importe betont. Es gibt natürlich auch noch weitere Einflussgrößen, die den Wechselkurs verändern können.

Wenn bspw. als Folge einer politischen Krise ausländische Zentralbanken weniger Euro als Reservewährung nachfragen, sinkt der Preis des Euro. Das gleiche geschieht, wenn durch eine für länger anhaltend erwartete Wachstumsdynamik im Silicon Valley viele Aktienkäufe in den USA getätigt werden. Die Europäer erhoffen sich dort bessere Renditen und Gewinnaussichten der Firmen und fragen US-$ nach und wollen dafür ihre Euro hergeben.

Dies nennt man eine Beeinflussung des Wechselkurses durch **Kapitalströme** in verschiedenen Währungen.

Dann kann es durchaus passieren, dass ein kräftiges Wachstum im Ausland (z.B. USA) getragen von neuen innovativen Produkten und Verfahren kombiniert mit anhaltendem Vertrauen in die amerikanischen Unternehmen, den amerikanischen Staat und eventuell sogar steuerliche Aspekte einerseits zu einem Defizit in der amerikanischen Handelsbilanz wegen kurzfristig stark steigender Importe führt, dieses aber andererseits durch erhebliche Kapitalzuflüsse aus den EU-Staaten ausgeglichen werden kann.

Letzteres geschieht, weil so viele EU-Inländer ihr Geld in den so „tollen" neuen amerikanischen Unternehmen anlegen wollen. Dann sorgen diese Kapitalzuflüsse der europäischen Investoren für so hohe zusätzliche Nachfrage nach US-$, dass der $ stabil bleibt oder sogar kräftig aufwertet.

Ergebnis: Sobald zwischen In- und Ausland unterschiedliche Währungen existieren, müssen diese für den Austausch von Gütern, Dienstleistungen oder Urlaubsreisen mit dem Wechselkurs umgerechnet werden.

Dieser kann auf Grund ökonomischer Fundamentalfaktoren (Außenhandel, Zinsunterschiede, Kapitalströme wegen Unterschiede in der Innovationskraft, …) oder auch wegen unterschiedlicher Zentralbankpolitiken schwanken.

Durch die Einführung des Euro (ab 2002 auch als Bargeld) versprach man sich eine deutliche Senkung der Transaktionskosten (Währungsumtausch, Absicherungsgeschäfte gegen Wechselkursschwankungen, …) innerhalb der Staaten der Euro-Zone und dadurch ein stärkeres Zusammenwachsen der nationalen Volkswirtschaften.

24. Wie kam es zur Euro-Krise?

Irgendwann fällt einem der Versuch, die Wirklichkeit zu überlisten, auf die Füße, und dann schmerzt es heftig, und zwar umso mehr, je länger man gezögert hat.
Hans-Werner Sinn

Die europäischen Volkswirtschaften wiesen noch in den letzten Jahrzehnten des vorigen Jahrhunderts erhebliche Unterschiede auf: Die Branchenzusammensetzung, die wirtschaftspolitischen Philosophien der Regierungen und Unternehmen, der institutionelle Rahmen hinsichtlich Verwaltung und Gesetzen und vieles andere führte dazu, dass die Sicht- und Verhaltensweisen auf ökonomische Probleme sehr unterschiedlich ausfielen.

Verlor ein Land wegen zu hoher Lohnabschlüsse oder zurückbleibender Produktivität der Beschäftigten an internationaler Wettbewerbsfähigkeit, so konnte es seine (nationale) Währung gegenüber den übrigen europäischen Ländern abwerten. Staaten wie Italien oder Griechenland machten davon beispielsweise regelmäßig und wiederholt Gebrauch.

So hörte man als deutscher Urlauber vor der Jahrhundertwende beim Skiurlaub in den italienischen Dolomiten regelmäßig, wie die Hotelwirtin über erneut (in italienischer Lira) gestiegene Heizölpreise lamentierte. Die deutschen Skifahrer hatten davon noch fast nichts gemerkt, denn die DM hatte gegenüber dem US-$ nicht so deutlich abgewertet und in US-$ war der Ölpreis kaum gestiegen.

Mit der Schaffung einer **Währungsunion** innerhalb der EU entfiel die Möglichkeit der **Wechselkursanpassung**: Es gab keine Chance mehr, bei drohendem Verlust der eigenen Wettbewerbsfähigkeit auf Abwertung der eigenen nationalen Währung zu setzen und damit einheimische Arbeitsplätze zu retten.

Hatte somit ein Land über längere Zeit als Folge national zu hoher Lohn- und Preissteigerungsraten und gleichzeitig einem niedrigeren technischen Fortschritt als in den übrigen Euro-Staaten keine Erfolge mehr im Außenhandel, importierte es anhaltend mehr, als es durch eigene Exporte verdienen konnte. Es lebte somit bei höheren Importen als Exporten „auf Pump", d.h. Kredit des Auslandes. Dieses „geliehene" Geld hätte man natürlich auch durch Verkauf von Vermögenswerten (Gold der Zentralbank, Industrieanlagen, Flughäfen, Grundstücke, Inseln, ...) wie ein in Liquiditätsschwierigkeiten steckender Privatmann auch abstottern können. Das wäre aber politisch äußerst unbeliebt gewesen, so dass sich das keine Regierung zutraute.

Der Euro konnte aber wegen der (relativen) wirtschaftlichen Stärke anderer Mitglieder der Euro-Zone längst nicht so stark abgewertet werden, wie es sich die schwächsten Länder gewünscht hätten – und zudem auch bisher lange Zeit gewohnt waren.

Andererseits glaubten viele Kreditgeber (Banken, Kapitalanleger, ...) zumindest anfangs, dass letztlich in einem Währungsraum einheitliche oder zumindest **sehr ähnliche Zinssätze** gelten könnten. Und das, obwohl doch im vereinbarten **Maastricht-Vertrag** (1993) zum Euro festgelegt wurde, dass jedes Land für sich selber verantwortlich sei und insbesondere eine Haftung Dritter für Schulden eines Landes nicht in Frage kommt.

Für Schuldner innerhalb eines Staates sind ja die Zinssätze auch zu Recht unterschiedlich: Wenn ein starker und wirtschaftlich gesunder Industriebetrieb für fünf Jahre einen Kredit der Hausbank benötigt, ist sein Zinssatz aus guten Gründen um einige Prozentpunkte günstiger als bei einem armen Arbeitnehmer, der sich „auf Pump" ein neues Auto leisten will: Dessen deutlich höheres Pleiterisiko muss im anzusetzenden Zinssatz auch berücksichtigt werden.

Falls die Banken den Haftungsausschluss im Maastricht-Vertrag ernst genommen hätten, wären die Zinssätze für die einzelnen Länder je nach deren Pleite-Risiko sehr unterschiedlich gewesen. Offensichtlich wetteten viele Banken darauf, dass es doch ein von allen Euro-Staaten zu tragendes gemeinsames Risiko gäbe: Die Zinsen im Euro-Raum glichen sich in den Anfangsjahren nach dem Jahr 2000 jedenfalls de facto stark an.

Dies merkten vor allem die Mittelmeeranrainerstaaten: Sie bekamen jetzt (zumindest vorübergehend) plötzlich günstigere Zinsen für ihre aufgenommenen Kredite als bisher gewohnt, was z.B. in Spanien den sehr starken Bau-Boom von Ferienbungalows oder -wohnungen anheizte oder in Griechenland zu einer noch großzügigeren Staatsverschuldung führte. Regierungen, die längst auf Grund ihrer Fundamentaldaten massiv hätten sparen müssen, hatten jetzt angesichts günstiger Zinsen vermeintlich wieder mehr Spielraum für politische und soziale „Wohltaten".

Im Ergebnis machten die Mittelmeerländer anhaltend einige Jahre „Party auf Pump" oder erlebten einen unerwartet starken Bauboom.

Während im Euro-Raum die Zinsen für die Südländer deutlich sanken, stiegen sie für z.B. Deutschland ab 2000 auf relativ ungewohnte Höhen. In Deutschland führte der ausgelöste Kapitalabfluss nach Südeuropa zu einer doch erheblichen Wachstumsschwäche. Zusammen mit einigen intern zu regelnden Starrheiten und Problemen der Anreize kriselte es zunächst: Deutschland galt um 2003 als „der kranke Mann Europas". Dieser Befund hat sich inzwischen dank teils schmerzhafter Reformen geändert: Auch Deutschland hatte seine Krise!

2008 kam es zu einer **Weltwirtschaftskrise**, die von einer völlig missratenen Immobilienpolitik der USA ausging. So wurde ein Einfamilienhaus im Jahr 2004 für 250.000 $ verkauft und erfuhr dann innerhalb eines Jahres eine Wertsteigerung um 10 % auf 275.000 $. Die Hypothekenzinsen lagen dank einer extremen Niedrigzinspolitik der amerikanischen Zentralbank „Fed" (Federal Reserve System) lange deutlich unterhalb des sichtbaren „Wertzuwachses" auf dem Papier: Jeder Amerikaner glaubte, dank des zukünftig zu erwartenden weiteren „Wertzuwachses" ein Haus kaufen zu können. Skrupellose Verkäufer und Banker verkauften längst überteuerte Häuser an mittellose Bürger, was über teils dubiose Hypotheken finanziert wurde.

Letztere drehte man schließlich „im Paket" auch zahlreichen europäischen Banken (so z.B. auch der West-LB, der Landesbank von Nordrhein-Westfalen) als angeblich sichere Geldanlage an, was irgendwann schief gehen musste: Die entstandene „Blase" platzte laut und heftig.

Damit wurden auch weitere europäische Banken mit in den Abgrund gerissen. Sie sahen plötzlich die tatsächlichen Risiken im Markt und stellten rasch fest, dass auch sie viel zu großzügig Geld an viele Staaten wie Irland oder Griechenland verliehen hatten.

Und dann trauten sich die Banken nicht mehr, wie früher untereinander Geld sehr kurzfristig zu verleihen: Die andere Bank konnte ja morgen früh schon Pleite gehen. Dieser so genannte **Geldmarkt** (für sehr kurzfristige Kredite zwischen den Banken) brach zusammen. Die Not leidenden Banken waren ab sofort vorrangig auf die Zentralbank angewiesen.

Damit waren nicht nur zahlreiche europäische Banken in einer schweren Krise. Der Bauboom in Spanien brach zusammen und teilweise wurden angefangene Immobilien nicht einmal fertig gebaut, da sie absehbar in den kommenden Jahren unverkäuflich erschienen.

Auch Staaten, die auf Kreditaufnahme angewiesen waren, erhielten diese plötzlich nicht wie bisher zu günstigen Zinsen usw. Die so genannten GIPSIZ-Staaten (Griechenland, Irland, Portugal, Spanien, Italien, Zypern) gerieten in ernste Probleme: Irland zuerst, dann Griechenland und Spanien, dann der Rest.[6]

Als erster Helfer in der Not sprang die EZB den besonders notleidenden Banken und Staaten vor allem im Mittelmeerraum bei, indem sie die normalen Spielregeln für (vorübergehende) Ankäufe von qualitativ hochwertigen Wertpapieren und andere Refinanzierungsmöglichkeiten immer mehr aufweichte und sogar teils dubiose Wertpapiere von den kriselnden nationalen Banken annahm: Von der EU-Öffentlichkeit fast unbemerkt gingen dreistellige Milliarden-Beträge auf diese Weise über den Tisch.

Diese Interventionen geschahen dank einer Stimmenmehrheit im EZB-Rat und stießen nicht auf Zustimmung der deutschen Bundesbank. Im EZB-Rat hat jedes Euro-Land eine Stimme: Ein Zwergstaat wie Malta redet genauso mit wie Deutschland und bestimmte die Geldpolitik gleichermaßen mit.

Faktisch konnten damit die nationalen Notenbanken mit ihrer jeweiligen „EC-Karte" gute Euros aus der allgemeinen europäischen Euro-Kasse ziehen gegen faktische Hinterlegung von Wertpapieren sehr unklarer Qualität und Bonität.

Stellen Sie sich als Gedankenexperiment einmal vor, Sie wohnten in einem Neubaugebiet mit 25 Häusern, wobei jeder Bauherr oder Mieter natürlich für sich selbst verantwortlich ist. Würden Sie Ihrem Nachbarn per Kopie Ihrer EC-Karte jedes Quartal 6000 € von Ihrem Konto zugestehen? Dann hätten Sie bald auch nichts mehr zu lachen: Ihr Nachbar macht zwar Kurzarbeit, feiert aber trotzdem Party und macht schöne Reisen – das meiste davon „auf

---

[6] Wer harte Kost verträgt: Vgl. Hans-Werner Sinn, Der Euro – Von der Friedensidee zum Zankapfel, Hanser, München, 2015. Diesem Buch entstammt auch die Idee zum EC-Karten-Vergleich mit den Nachbarn.

Pump". Zu Ihrer angeblichen „Sicherheit" erhalten Sie immer mehr zweifelhafte Schuldscheine von ihm. Von diesen „Schuldscheinen" erwarten Sie höchstens einen sehr geringen Teil als Rückzahlung vielleicht im Jahre 2060. Sie könnten eventuell noch damit leben: Aber Ihre Kinder werden Sie und den Nachbarn verfluchen, denn er hat Ichnen über die Zeit faktisch ein Vermögen weggenommen, das sie sonst geerbt hätten. Wofür arbeiten Sie eigentlich noch? Die EZB erlaubte jedoch genau das den nationalen Zentralbanken des Mittelmeerraums und Irland.

Ein weiteres Problem ergibt sich durch die vermeintliche „Rettungspolitik" der EZB: Deutsche oder finnische Sparer, die teilweise als Selbstständige (Fischer, Künstler, Betreiber von Pommes-Buden, selbständige Vertreter, ...) oder als Betriebsrenten-Fonds für Arbeiter und Angestellte für das Alter vorsorgen müssen, erhalten praktisch nur noch niedrigste Zinsen. Dadurch ist die heute nötige Vorsorge für deren Alterssicherung de facto unmöglich oder extrem teuer geworden.

Diese **faktische Umverteilungspolitik innerhalb Europas** geschieht leider sehr intransparent. Die länger anhaltende Null-Zinspolitik schafft zudem noch viele andere Probleme (Immobilien-Boom, Hektik an den Aktienmärkten, ...) und das Schlimme ist: Sie hilft letztlich den betroffenen Mittelmeerstaaten und deren Arbeitsplätzen fast gar nicht.

Durch „**Rettungsschirme**", Unterstützung des Internationalen Währungsfonds (IWF) und weit gehende neue Maßnahmen der EZB versuchte somit die Eurozone, die Probleme sowohl der verschuldeten Staaten als auch der Banken anzugehen. Eine kurzfristige „Lösung" war jedoch praktisch unmöglich.

Die jeweils kurzfristig plausiblen Rettungsmaßnahmen weichten dann aber auch den Willen zur eigenen Anstrengung vieler Krisenländer wiederum erneut auf. Jeweils wieder einige weitere Jahre auf Kosten der Nachbarn zu leben, ist kurzfristig einfacher, als sich die eigene schlechte Lage einzugestehen. Dann müsste man auch im Inland die teils harten mittelfristigen Konsequenzen selbst tragen!

Über mehrere Jahre der Anstrengung, Lohnzurückhaltung und teils tiefer Einschnitte schaffte es vor allem Irland, wieder auf die Beine zu kommen – wenn auch deutlich „ärmer" als vorher. Die Mehrheit der Iren akzeptierte das.

Einige der übrigen betroffenen EU-Länder wie Portugal oder Spanien gingen einige Schritte in diese Richtung. Wegen ihrer bei der unaufgeklärten Bevölkerung unpopulären Maßnahmen kamen dann aber deren Regierungen schnell in Probleme.

Dabei wäre dies im Kern aber nur die reale Korrektur eines vorübergehenden Irrtums gewesen, man wäre plötzlich dank des Euros und die unerwartet sehr niedrigen Zinsen „reich" geworden. Aber wer gibt sich selbst so etwas schon gerne zu!

Noch dazu, wenn die bestehende tatsächliche „relative eigene Armut" durch den EU-Beitritt der osteuropäischen Länder realiter sogar zusätzlich verschärft wurde, so dass man in der Wirklichkeit nicht „reicher", sondern eher unter dem zusätzlichen Wettbewerbsdruck neuer EU-Mitglieder längerfristig doch eher „ärmer" geworden war. Deren niedrige Löhne und ein für diese Länder niedriger Wechselkurs zum Euro führten dazu, dass polnische oder bulgarische Tomaten und Käse die griechischen Produkte bald locker unterbieten konnten.

Das Problemland Griechenland scheint somit aus ökonomischen und institutionellen Gründen (seit Jahrzehnten fehlende Katasterämter, schlecht arbeitende Finanzbehörden, aufgeblähte und überwiegend mit schlecht qualifizierten „Parteifreunden" besetzte öffentliche Verwaltung, …) und fehlendem solidem ökonomischen Denken der vermeintlichen „Eliten" - die jahrelang teils selbst eine sehr dubiose Politik in ihrem eigenen Interesse und ihrer Parteifreunde machten - die größten Schwierigkeiten noch vor sich zu haben. Trotz eines teilweisen zwischenzeitlichen Schuldenschnitts (d.h. –Erlasses) befindet das Land immer noch in der Krise mit Arbeitslosigkeit und vielen unzufriedenen Menschen.

Solange Griechenland angesichts zu hoher eigener Kosten sogar Nahrungsmittel oder Käse, die es selbst produzieren könnte, lieber importiert, gelingt keine Erholung. Und die ganz reichen Griechen haben einen großen Teil ihrer Euro-Guthaben längst ins Ausland geschafft und sich Häuser und Luxus-Appartements in London, Paris oder Berlin zugelegt. Die finanzielle Unterstützung der übrigen Euro-Staaten erreichte somit längst nicht vor allem die arme griechische Bevölkerung. Diese wurde jedoch wiederholt von den griechischen Politikern benutzt, um eigene Interessen durchzusetzen.

Die Hoffnung auf eine Erholung von Handwerk, Industrie und Tourismus-Branche ist sehr gering. Um wettbewerbsfähig zu werden, müsste Griechenland fallende Löhne und Güterpreise aufweisen, weil es über einen flexiblen Wechselkurs wie bei der Drachme die „bewährte alte" Lösung nicht mehr gibt! Auch dieser Prozess wäre eher mittelfristig und mit größeren Opfern zu erreichen.

Im Grunde ist Griechenland dank der zu großzügigen finanziellen Unterstützung von außen und dem daraus resultierenden vermeintlichen „Reichtum" (Wirkungen wie ein „Lottogewinn der Natur") in die Falle der „holländischen Krankheit" geraten. Den denkbaren Ausweg „Zurück zur Drachme!" lehnt die griechische Regierung jedoch bisher ab. Die deutsche Regierung hat ihrerseits Angst davor, den Wählern sehr hohe Milliardenverluste wegen eines dann nötigen erneuten Schuldenschnitts einzugestehen.

Da viele Mittelmeerländer zudem einen hohen Schutz für Arbeitnehmer „on the job" haben, trifft die Krise vor allem jüngere Menschen, die heute in der Krise gar nicht erst in den Beruf kommen. Die Arbeitslosenquote der jüngeren Arbeitnehmer erreichte seit 2014 sehr hohe Werte von über 25 %. Als Folge beobachtet man eine Abwanderung qualifizierter Kräfte in andere EU-Länder – noch ein Problem für die Südländer!

Ergebnis: Die Euro-Krise wurde ausgelöst, weil einige europäische Länder die Vorteile einer Währungsunion genießen wollten, die Konsequenzen der jetzt fehlenden Flexibilität des Wechselkurses aber weder wahrhaben noch entsprechend handeln wollten.

Die europäischen Banken (vor allem aus dem Mittelmeerraum und Frankreich) hatten großzügig an die „Wackelkandidaten" Milliardenkredite gegeben und gerieten selbst teilweise in große Not.

Die eigentlich völlig eindeutigen klaren Regelungen des EU Maastricht-Vertrags, wie bspw. keinerlei gegenseitige Haftung der Euro-Länder füreinander (d.h. keinerlei „bailout"), wurden kurzerhand außer Kraft gesetzt. Diese waren aber für Deutschland und andere (Nord-)Länder notwendige Voraussetzungen für die Einführung des Euro in den neunziger Jahren gewesen.

25. Eine Liste von dubiosen Vorschlägen zur Wirtschaftspolitik

Die Schönheit vergeht, die Blödheit ist ewig. **Johann Nepomuk**

V1: Brot und andere **Grundnahrungsmittel** sollen staatlich **subventioniert** werden, damit auch arme Menschen gut leben können.

Der Vorschlag hört sich scheinbar vernünftig an. Nur haben Länder, die ähnliches praktiziert haben, äußerst üble Erfahrungen gemacht. Zum einen wird es weniger Brotsorten geben als früher, oder man muss das Subventionssystem sehr kompliziert ausgestalten. Sollen auch Leute mit hohem Einkommen subventioniertes Brot bekommen?

Auf der Nachfrageseite können auch schlimme Dinge passieren: Schlaue Bürger in Grenzregionen können das spottbillige einheimische Brot ins teure Ausland schmuggeln, um etwas dazu zu verdienen. Bauern entdecken das Brot als gutes und billiges Viehfutter für ihre Schweine etc. Man ahnt, dass ein großer Rattenschwanz an Kontrollmaßnahmen kommen muss, um „Missbrauch" zu unterbinden.

Einfacher wäre es, den tatsächlich „Armen" nach strengen Kriterien monatlich einige € mehr Geld zu geben: Dann können sie das gwünschte Brot selbst kaufen. So wird in Deutschland auch verfahren.

V2: Der Staat soll **jedem Bürger jährlich 12.000 €** (Kinder 6.000) Grundeinkommen zustellen.

Bei 81 Millionen Menschen (= Einwohnerzahl in Deutschland) bedeutet ein solches Grundeinkommen Kosten von über 850 Mrd. € p.a. Das wäre deutlich mehr als das Doppelte des gesamten Bundeshaushalts. Außer Kindergeld müssten wohl auch Renten größtenteils abgeschafft werden. Mancher Rentner, der mehrere Jahrzehnte fleißig in die Rentenkassen einbezahlt hat, wäre dann deutlich ärmer dran. Umgekehrt erhielte ein Ehepaar mit nur zwei Kindern ohne zu arbeiten 3.000 € monatlich. Gälte diese Regel auch für Ausländer oder nur für deutsche Bürger? Woher kommt das Geld überhaupt?

Wer bezahlt die nötige Krankenversicherung und andere wichtige Leistungen? Warum sollten sich die Menschen in ihrem Leben in harten Jobs noch anstrengen? Wer macht noch freiwillig Nachtdienste im Krankenhaus oder bei der Feuerwehr, wenn das netto noch schlechter als bisher bezahlt würde? Welche andere faktisch wie eine Steuer wirkende Zahlung an den Staat müsste dafür massiv erhöht werden? Faktisch bräche ein solches System an der fehlenden Finanzierbarkeit und den schlechten Anreizwirkungen, sich noch anzustrengen, bald zusammen.

V3: Ein **Preisstopp** für Preise (lebens-)wichtiger Güter soll eingeführt werden.

Zunächst fehlt dazu in Deutschland die Rechtsgrundlage. Wenn der Bundestag ein derartiges Gesetz mehrere Wochen beraten müsste, käme es durch den Ankündigungseffekt zu einem ansonsten erst später vorgenommenen Preisanstieg.

Sodann müssten die Preise eines (zurückliegenden) Stichtags registriert werden. Vielleicht haben an diesen Tagen gerade einige Geschäfte Sonderangebote für Kaffee und Bier gehabt. Sollen diese Geschäfte bei den niedrigen Preisen bleiben müssen? Ihre damals günstig eingekaufte Menge haben sie schon längst verkauft, und ob der Lieferant zu den gleichen Sonderkonditionen weiter die nötigen Mengen liefern wird, ist eventuell sehr fraglich. Modische Artikel wie Hosen, T-Shirts oder Röcke sind von Saison zu Saison ohnehin unterschiedlich.

Und wie sollen Qualitätsverschlechterungen überwacht werden? Das dürfte bei vielen Gütern fast unmöglich sein. Einzelne Güter sind in den letzten zehn Jahren im Preis gefallen: Was jetzt? Soll ein Preisaufschlag nach Qualitätsverbesserungen staatlich genehmigt werden?

Wenn in einigen Branchen die Arbeitskräfte per Streik eine Lohnerhöhung durchsetzen, sollen dann die gestiegenen Lohnstückkosten durch eine Sondergenehmigung weiter gegeben werden dürfen? Oder will man Streiks auch verbieten - das gäbe ein Problem mit dem Grundgesetz? Und wenn der weltweit bestimmte Ölpreis steigt, soll dann das Benzin subventioniert werden mit einem fixen Kontingent zum alten Preis für jeden? Dürfen dann Speditionen oder selbständige Vertreter (Vielfahrer) dann Benzin-Kontingente von Rentnern (Wenig-Fahrer) kaufen, oder soll das verboten werden?

Sollen die Listenpreise oder die tatsächlich gezahlten Preise (abzüglich Rabatten, Zugaben) gestoppt werden? Was geschieht mit den Preisen exportierter und importierter Güter? Es funktioniert einfach nicht!

V4: Ein **Mietstopp** soll die (armen) Mieter schützen

Ein gutes Beispiel dafür waren die Mieten in der DDR. Die privaten Hausbesitzer durften ihre Mieten nicht an gestiegene Baukosten oder Modernisierungskosten anpassen oder erhielten erst gar kein Baumaterial: Ohne die Wiedervereinigung wären ganze Stadtteile daher wohl endgültig verfallen.

Das Problem steigender Mieten gibt es ja im Wesentlichen in den beliebten Ballungsgebieten: Jeder „hippe" Norddeutsche will nach Hamburg oder Berlin, jeder „hippe" Süddeutsche nach München und zwar am liebsten nahe der beliebtesten Viertel. Wenn es dort jedoch nur 5000 Wohnungen gibt und 35.000 Menschen wollen dorthin ziehen, kann man den objektiv bestehenden Mangel entweder politisch bewirtschaften, was entweder Parteigenossen oder politisch wichtige Personen bevorzugt oder doch stark zu Korruption anreizt. Wer knappe Wohnungen zuteilen kann, hat immerhin eine erhebliche Macht.

Oder die Rationierung erfolgt getarnt doch de facto über den Preis (z.B. per „freiwilliger Übernahme" von faktisch Sperrmüllmöbeln), woraufhin sich die echten „Künstler" und „hippen" Leute bald ein neues beliebtes Viertel suchen müssen. Spätestens zehn Jahre später steigen auch dort die Mieten, wenn dieses Viertel „in" ist.

Letzten Endes sind die Ursachen im begrenzt verfügbaren geeigneten nahe genug am Stadtkern liegenden Bauland zu suchen. Deswegen kann man in den begehrten Gebieten schlicht nicht genug Wohnraum bauen, wenn man nicht nur Hochhaussilos errichten möchte.

V5: „**Reiche**" sollen getrost **mehr Steuern** bezahlen

Vorausgesetzt, ich selbst gelte noch nicht als „reich", so könnte ich dem sofort zustimmen. Vielleicht bin ich es schon morgen? Mancher, der sich nur als „Mittelstand" einschätzt, ist objektiv schon fast als „reich" anzusehen.

Sehen wir einen Fachhochschulingenieur bei Daimler-Benz oder IBM und dessen ebenfalls sehr qualifizierte in Teilzeit berufstätige Ehefrau an. Das Ehepaar käme heute mit Bonuszahlungen und einigen Überstunden und mit dem 13. Monatsgehalt auf ein zu versteuerndes Einkommen von 90.000 €. Und warum sollte es höher besteuert werden? Es bezahlt bereits heute mit Soli und Kirchensteuer über 25.000 € jährlich.

Das Haushaltsnettoeinkommen von monatlich etwa 5000 € hört sich zunächst gut an. Nach dem Urteil vieler wäre dieses Ehepaar „reich"; nach dem Urteil anderer ist dieses Einkommen im Raum Stuttgart für ein tüchtiges Ehepaar mit mittleren materiellen Ansprüchen, einem studierenden Kind, einem abzubezahlenden Reihenhaus und zwei für die Familie benötigten Autos gerade ausreichend. Auch eine größere Wohnung kostete im Raum Stuttgart sehr gut über 1250 € monatlich, mit Nebenkosten deutlich mehr.

V6: Eine **Politik des „billigen Geldes"** durch die Zentralbank fördert das Wachstum

Das **Wachstum** einer Volkswirtschaft hängt von der Innovationskraft und Tüchtigkeit ihrer Unternehmen und Arbeitskräfte sowie von der Umsetzung neuer Erkenntnisse in neue Produkte (die z.B. weniger Energie verbrauchen oder das Leben erleichtern) ab. Deshalb sind das Schul- und Berufsausbildungssystem und ein innovationsfreundliches wirtschaftspolitisches Umfeld für Wachstum sehr wichtig. Und ein investitionsfreundliches Klima in der Gesellschaft könnte auch nicht schaden.

Die Anhänger der obigen Empfehlung V6 verwechseln jedoch eine kurzfristig wirkende Maßnahme zur Konjunkturbelebung mit einer nur langfristig wirkenden strukturellen Reform der gesamten Wirtschaft. In einem Vergleich zum Leistungssport heißt das lax gesprochen: Wer für die 5.000 Meter Strecke nicht fit genug ist oder nicht trainiert hat, probiert es mit **Doping**. Auf Dauer geht das aber heutzutage schief. Und mancher ist danach so krank, dass der langfristige Schaden den kurzfristigen Nutzen übersteigt.

Anhaltendes Wachstum über viele Jahre ist eine ziemlich langfristig orientierte „Sportart", und das geht erfolgreich nur mit Training, Training und nochmals Training. Eine Volkswirtschaft erzielt kein nachhaltiges Wachstum über drei Jahre, sondern eher über den Durchschnitt von 15 Jahren und länger.

Insbesondere in einigen (süd-)europäischen Nachbarländern gibt es eine gewisse Tradition, durch inflationär wirkende Maßnahmen die Wirtschaft (zeitweilig und kurzfristig) zu beleben. Das ging dann in der Vergangenheit wiederholt einher mit einer **Abwertung** des Wechselkurses, um die Wettbewerbsfähigkeit dieser Länder wieder zu erhalten. Real waren sie ihrer Produktivität jedoch nicht besser geworden.

Innerhalb der Euro-Währungsunion geht das nicht mehr so einfach: Eine Abwertung des Euro gegenüber dem US-$ würde zudem den ohnehin starken Euro-Ländern vorübergehend stärker helfen, weniger den schwächelnden.

V7: Man sollte **Werbung verbieten**

Oft ist man von Werbung genervt: Teils aggressiv, dümmlich oder marktschreierisch kommt sie daher. In teureren Zeitschriften trifft man auf das Gegenteil: Wohl gekleidete gut gestylte Menschen wollen einem nahelegen, welche besondere Handtasche, Schuhe, Uhr oder ähnliche möglichst teuren Produkte angeblich das Leben erst lebenswert machen und dass man gefälligst die richtige „**Marke**" zu tragen hat.

Von jedem Produkt gibt es heute bis zu 20 angebliche TOP-Marken, die „man haben muss": So what?

Jeder kann viel Lebensfreude an mancherlei Aktivitäten mit Familie, Freunden und schönen Erlebnissen finden.

Und wenn man sein Gegenüber nur dann als einen wertvollen, interessanten Menschen ansieht, wenn sie oder er eine Uhr der „Top-Marke xyz" für 6.000 € trägt, dann zeigt das nur den fortgeschrittenen Entklugungszustand im Kopf des Beurteilenden an.[7]

Aber sollte man deswegen Werbung verbieten? Die zweifelsfreie Abgrenzung von Werbung und schlichter Information dürfte sich als unlösbares Problem herausstellen. Und manchmal ist ein guter Werbefilm auch einfach nur witzig oder komisch.

Was uns irritiert, sollten wir einfach in den Papierkorb werfen. Dümmliche Werbung zu ignorieren könnte ja längerfristig zu deren Veränderung führen: Kluge Leute lassen sich auf Dauer nicht für dumm verkaufen.

> **Ergebnis:** Bei vielen auf den ersten Blick interessanten Ideen und Vorschlägen sollte man zweimal über deren praktische Umsetzung, die Erfolgschancen und die Konsequenzen nachdenken.

---

[7] Das Wort „Entklugung" ist ein Zitat des Kabarettisten Dieter Hildebrandt und diente ihm als Substitut für „Verblödung".

26. Energie – Treibkraft der heutigen Gesellschaften

Gas und Öl ist unsere Droge: Man braucht immer mehr davon, besonders wenn die Preise explodieren.
Dmitrij Anatoliewitsch Medwedew (ehemaliger Präsident Russlands)

Energie heißt physikalisch die Fähigkeit, Arbeit zu leisten, sei es auf der atomaren oder Molekülebene oder sei es, einen Transport eines 1.000 kg schweren Gutes über 200 km innerhalb weniger Stunden vorzunehmen oder einen Wohnraum auf 21,5 °C zu erwärmen, wenn die Temperatur draußen -10 °C beträgt.

Die in den letzten 210 Jahren von 1 Milliarde auf heute deutlich über 7 Mrd. Menschen gewachsene Weltbevölkerung nutzt die Energievorräte (fossile: Kohle, Öl, Erdgas, Torf, ...) der Erde etwa seit 1840, d.h. dem Beginn der breiten Industrialisierung in Europa und Nordamerika, immer intensiver.

Heute sind die Menschen in den Industriegesellschaften es gewohnt, im Winterhalbjahr die gesamte Wohnung zu heizen, sie benutzen ein Auto, verlassen sich auf die rechtzeitige Anlieferung von Gütern in den Supermärkten und Kaufhäusern per Lastwagen, fliegen in Urlaub und benutzen wie selbstverständlich Produkte aus Stahl oder Kupfer, für deren Gewinnung aus Erzen oder Recycling (Schrott, Verschnitt) auch wieder erheblich Energie aufgewendet werden muss.

Die größte Energiequelle für die Erde als Ganzes ist nach wie vor ein 150 Millionen km entfernter Fusionsreaktor, der ständig vor sich hin explodiert und dabei riesige Mengen an Energie in das Weltall abstrahlt. Ein ganz geringer Teil davon trifft auf die Erde und sorgt dort für Erwärmung, besonders tagsüber, wenn das Sonnenlicht die Seite der Erde erreicht, an der gerade Tag herrscht. Die jährliche Energiezufuhr durch die **Sonne** ist heute noch in einer Größenordnung etwa 10.000-mal so hoch wie der gesamte anthropogene Energieumsatz.

„Energie" wurde früher in den angelsächsischen Ländern anders gemessen als in Deutschland, und die Ingenieure benutzten andere Maße aus der Praxis als die Physiker.

Erst eine internationale Übereinkunft führte zur **Maßeinheit** Wattsekunde = **Joule**, die sowohl für Atomphysiker als auch den Energieverbrauch eines ganzen Landes benutzt wird. Das Hauptproblem ist ihre „Kleinheit": Einerseits soll man Energie im Molekularbereich messen, andererseits auch Energieverbräuche großer Länder.

Für den Energieverbrauch benötigt man Zehnerpotenzen wie Kilo-, Mega-, Giga-, Tera-, Peta- und Exa-Skalen (jeweils Faktor 10^3), um Energieverbräuche des Alltags zu erfassen. Man benutzt häufig für die verbrauchte Arbeit die Maßeinheit kWh oder MWh. Ein Liter Benzin enthält rund 8,9 kWh Energie, ein Liter Diesel etwa 9,8 kWh.

Angenommen, eine 4-köpfige Familie mit einem mittleren Haus verbraucht heute **4500 kWh jährlich Strom** und **17.500 kWh Erdgas** für Heizung und Warmwasser. Wenn sie zwei Autos fährt mit insgesamt 25.000 km pro Jahr, kommen (bei 6,4 l/100 km) ungefähr 1600 l Kraftstoff, d.h. weitere rund **15.000 kWh** hinzu: **insgesamt 37.000 kWh Energieverbrauch jährlich;** davon **nur 12 - 13 % Elektrizität.** Für die gesamte Volkswirtschaft (Haushalte, Industrie, Handwerk, Dienstleistungen, Staat, …) beträgt der **Anteil des Stromverbrauchs** am Endenergieverbrauch nur rund **21 %**.

Die edelste Energieform - gleichzeitig die für den Verbraucher sauberste und teuerste - ist der elektrische Strom. Wer jemals einen länger anhaltenden **Stromausfall** (bspw. für einige Tage) erlebt hat, dem ist die Unverzichtbarkeit von ausreichender Energie und insbesondere Strom klar: Das Licht und die Heizungspumpen fallen aus, der Elektroherd ist tot, der Fernseher auch und wenn der nächste Handy-Mast ebenfalls betroffen ist, funktioniert auch kein Handy oder Smartphone mehr usw.

Genauso wenig könnten Handwerksbetriebe oder Industriefirmen noch längere Zeit normal arbeiten, selbst wenn sie ein Notstromaggregat hätten. Dieses benötigt nämlich Diesel und wenn auch die Pumpen der Tankstellen ausfallen, dann reicht auch deren Dieselvorrat höchstens noch für einige Tage. Das ergibt bestenfalls eine vorübergehende Notfallversorgung.

Die **Zivilisation** auf dem heutigen technischen Stand benötigt enorme Energiemengen. Diese werden derzeit auf der Welt zu weit über 85 % aus fossilen Energieträgern, das heißt der **Stein- und Braunkohle** (Stromerzeugung, Prozesswärme in der Industrie, Verhüttung und Herstellung von Eisen und Stahl), **Mineralöl** (Kraftstoffe jeglicher Art, Heizöl, Schmierstoffe, Grundstoff für Chemie) und **Erdgas** (Heizung, Stromerzeugung, Kochen, Chemie, ...) gewonnen. Die restlichen Beiträge liefern weltweit die **erneuerbaren** Energien (vor allem Wasserkraft, Wind, Biomasse, ...) und **Kernenergie**nutzung.

Der **Primär**energie-Verbrauch **2015** in Deutschland setzte sich wie folgt zusammen: 12,5 % beruhten auf Erneuerbaren, 7,5 % Kernenergie, und der Rest (80 %) war fossil.

Energieträger	2015
Mineralöl	33,9
Stein- und Braunkohle	24,5
Erdgas, Erdölgas	21,1
Kernenergie	7,5
Wasser- und Windkraft, PV	**2,9**
andere Erneuerbare, Biomasse	**9,6**
Außenhandelssaldo Strom	-1,4
Sonstige	1,8

Quelle: BMWi, Energiedaten

Hinweis: Wegen der statistischen Konvention der Zurechnung des **Primärenergie**einsatzes in der Verstromung erscheint hier der Beitrag der Kernenergie relativ hoch, der Anteil der regenerativen etwas zu niedrig im Verhältnis zum Anteil am **End**energieverbrauch: Kraftstoffe, Strom, Erdgas, Heizöl, ...

Die industrielle Nutzung fossiler Energieträger begann erst 1709 mit Steinkohle zur Eisenverhüttung in Wales. Zwischen **1990** und **2012** ist der **Weltenergieverbrauch** um 52 % gestiegen und liegt heute bei 560 Exa-Joule (10^{18}).

Es ist offensichtlich eine Illusion anzunehmen, diese riesigen Verbrauchswerte der **Welt** innerhalb einiger Jahrzehnte auf regenerative Quellen umstellen zu können. Fossile Energieträger werden weltweit noch sehr lange benötigt.

Ergebnis: Die Nutzbarmachung von Energie war immer eine Schlüsselfrage für die Menschheit:

Angefangen vom Feuer des Steinzeitmenschen, Wind und Wasser als Antrieb, bis hin zu riesigen Energieumsätzen mit Nutzung fossiler Energieträger (Kohle, Öl, Erdgas) und Kernenergie in den industrialisierten Gesellschaften ist sie lebensnotwendig und seit über 250 Jahren notwendig für die inzwischen erreichte technische Zivilisation und den heutigen Lebensstandard.

27. Deutschland ist abhängig von Rohstoff- und Energieimporten

Die Sanftmütigen werden die Erde besitzen, aber nicht die Schürfrechte. Jean Paul Getty

Jedes Industrieland benötigt **Rohstoffe**, die entweder im eigenen Land oder aus anderen Ländern beschafft werden müssen. In einer groben Einteilung unterscheidet man

- **Energie**rohstoffe wie Steinkohle, Mineralöl, Erdgas, Torf, Uran, … Auf diese Gruppe entfielen im Jahr 2012 nach BGR-Angaben rund 72 % der Menge aller Rohstoff**mengen**importe.
- **Metallische** Rohstoffe (Eisen und Stahl, Kupfer, Blei, Aluminium, Zinn, …) mit einem Anteil von knapp 20 % der gesamten Importmengen an Rohstoffen.
- Industrie**minerale** (Kali, Feldspat, Kaolin, …)
- **Steine und Erden** (Kies und Sand, Quarz, Kalk, Gips, Ton, …).

Die Förderung im eigenen Land hängt von der Größe eines Landes und der gegebenen Naturausstattung ab.

In Deutschland sind bspw. Energierohstoffe nur durch die (international wegen zu hoher Transportkosten nicht gehandelte) **Braunkohle** zu sehr günstigen Bedingungen sowie einige **Erdgas-** und kleine Ölvorkommen gegeben.

Die **Steinkohle**vorkommen liegen in Deutschland aus geologischen Gründen in sehr großer Tiefe mit Verwerfungen der nicht sehr mächtigen Flöze, so dass Steinkohle hier teuer zu fördern ist. Die dafür nötigen Subventionen laufen 2018 aus, so dass ab 2019 alle Steinkohle importiert werden muss. Diese wird einerseits als hochwertige (und deshalb teurere) Kokskohle in der Eisen- und Stahlindustrie benötigt und als (billigere) Kesselkohle in der Verstromung in konventionellen Kraftwerken, aber auch in wichtigen Industriebranchen (Zement, Klinkersteine, …) für Prozesswärme.

Bei **Erdöl** ist die Förderung Deutschlands inzwischen auf knapp 2,5 % des deutschen Gesamtverbrauchs gesunken, bei **Erdgas** auf 13 %.

Der **Wert aller** Rohstoff-Importe belief sich 2012 auf **150 Milliarden €** ($\approx$ 16,5 % der Gesamtimporte), wobei 69 % auf die Energierohstoffe und knapp 30 % auf Metalle entfiel. Diese Prozentsätze schwanken nicht nur mit den benötigten Mengen, sondern vor allem wegen der schwankenden Weltmarktpreise, die in der Regel in US-\$ notiert werden, sowie dann wegen des Verlaufs des jeweiligen Wechselkurses \$/€.

Wenn dieser wie in der ersten Jahreshälfte 2015 sukzessive fällt (d.h. der Euro wird gegenüber dem Dollar von etwa 1,30 auf 1,10 \$/€ **ab**gewertet), muss der deutsche Importeur pro Barrel Rohöl (= 159 Liter) à 65 \$ anstelle 50 € plötzlich 59,1 € aufbringen, importierte Steinkohle à 90 \$/t kostete vorher nur 69 €/t, nach der Euro-Abwertung jedoch 82 €/t.

Falls Bier teurer würde, wäre ein Ersetzen durch Mineralwasser, Fruchtsäfte oder Wein denkbar, so dass die Brauereien sich die Preiserhöhung gut überlegen müssten. Die deutschen Rohstoffimporte können jedoch häufig entweder gar nicht oder nur sehr schwer mittelfristig durch andere gleich gute Rohstoffe zu noch vertretbaren Kosten ersetzt (im Fachchinesisch: substituiert) werden und deren Preise bestimmt im Wesentlichen der Weltmarkt.

Eine bewährte Strategie, den Einsatz von frisch gefördertem Erz (ob importiert oder nationale Förderung) zu reduzieren, besteht im verstärkten **Recycling**, d.h. der Wieder-Zurück-Führung von alten gebrauchten Geräten, von Verschnitt aus der Produktion und Verarbeitung von Material in den Stoffkreislauf. So liegen die Recycling-Quoten bei Kupfer in Deutschland bei rund 45 % des Verbrauchs, von Aluminium sogar 60 %.

Da der Recycling-Prozess durch das Einsammeln von Altgeräten, Schrottteilen etc. organisiert werden muss, ist er besonders interessant bei den sehr teuren Rohstoffen: Hier lohnt es sich oft auch, kleine Mengen einzusammeln, um das wertvolle Material wieder zu gewinnen. Das gilt bspw. für die so genannten „seltenen Erden" (die korrekt „Metalle der seltenen Erden" heißen müssten) oder geringe Goldmengen, die in alten Computern oder Handys stecken.

Energieressourcen lassen sich jedoch aus thermodynamischen Gründen (physikalische Gesetze) **nicht rezyklieren**: Sie werden bei ihrem Einsatz tatsächlich (als geleistete Arbeit) verbraucht und letztlich als Wärme in das große kalte Weltall abgestrahlt und gehen für uns verloren.

Beispiel: Ein Liter Kraftstoff (eine Kohlenwasserstoffverbindung) landet nach seiner Verbrennung im Automotor, wofür Luft benötigt wird, als Wasserdampf und CO_2 in der Atmosphäre, sorgt für Antrieb des Fahrzeugs und wärmt im Winter noch die Fahrgastzelle. Letzteres sind die beiden Formen der energetischen Arbeit, die man als Autofahrer wertschätzt: Mobilität und Wärme im Winter.

So führt bspw. die Verbrennung von einem Liter Benzin zu CO_2-Emissionen von 2,33 kg, obwohl ein Liter Benzin weniger als 1 kg wiegt! Ein Liter Diesel verursacht bei seiner Verbrennung 2,64 kg CO_2. Die an der Verbrennung (= extrem schnelle Oxidation) beteiligten Sauerstoffmoleküle aus der Luft sorgen für das zusätzliche Gewicht. Gleichzeitig wird mit der Luft auch der darin enthaltene Stickstoff derartig erhitzt, so dass dieser auch unerwünschte neue chemische Verbindungen als Stickoxide (NO_2 oder $NO_3 = NO_x$) eingeht.

Alle im Kraftstoff enthaltene Energie landet schlussendlich als Wärme im Weltall und ist damit für die Erde und ihre Bewohner endgültig „verloren": Dadurch scheitert eine Rezyklierungsstrategie für Energieressourcen. Die resultierenden CO_2-Moleküle verbleiben hingegen sehr lange Zeit in der Atmosphäre. Analoges gilt für andere fossile Brennstoffe wie Kohle und Erdgas.

Mineralische Rohstoffe wie Kupfer gehen hingegen durch Nutzung auf der Erde (außer in Raketen zum Mond oder Mars o.ä.) nicht verloren, sondern gehen höchstens andere chemische Verbindungen ein. So ist Eisenoxid nichts wieter als Rost, d.h. eine rötlich gefärbte Verbindung von Eisen und Sauerstoff.

Sie können deshalb grundsätzlich (bei Einsatz hinreichend großer Energiemengen) rezykliert werden.

Ergebnis: Die günstige Verfügbarkeit von diversen Rohstoffen ist für ein Industrieland existenziell wichtig. Aus naturgeographischen Gründen ist Deutschland heute bei sehr vielen Energie- und metallischen Rohstoffen, aber auch bei den „seltenen Erden" auf Importe angewiesen.

Recycling ist eine gute unterstützende Strategie für viele Metalle etc. Diese klappt aber bei Energieressourcen nicht.

28. Lösbare lokale Umweltprobleme

Jeder dumme Junge kann einen Käfer zertreten, aber alle Professoren der Welt können keinen herstellen.
Arthur Schopenhauer

Man stelle sich einen Fluss vor, in dessen Mittellauf seit einigen Jahrhunderten **Fischerei** betrieben wird. Nun siedelt sich am Oberlauf eine **Chemiefabrik** an, welche die Absicht hat, ihre Abwässer weitestgehend ungeklärt in den Fluss einzuleiten (= **Emissionen**). Damit entsteht ein Konflikt zwischen der Nutzung des Flusses als Abwasserkanal und als Fischfangquelle. Falls das Chemiewerk wie geplant einleitet, gehen die Fangmengen der Fischer wegen der bei ihnen noch ankommenden Schadstoffe (= **Immissionen**) um 50 % zurück.

Wenn die Fischerei Anspruch auf praktisch Trinkwasserqualität im Fluss hätte, müsste das Chemiewerk mehrere Millionen € in Wasserreinigungsanlagen stecken. Auch wenn man zunächst viel Sympathie für die Fischer hat, was macht man, wenn das Chemiewerk bspw. neue lebenswichtige Medikamente herstellen will, mit denen jedes Jahr vielen Menschen geholfen werden kann?

Ein Ökonom analysiert zunächst, wie sich verschiedene Spielregeln zur Nutzung des Flusses auswirken können – und das, ohne dabei vorab eine bestimmte Sympathie für eine der beiden Seiten zu haben. Das obige einfachste Beispiel ist ein Oberlieger- versus Unterlieger-Problem. Auf Grund der gegebenen Fließrichtung des Wassers kann in diesem einfachen Fall nur der Oberlieger dem Unterlieger Schaden zufügen.

Annahme: Die Fabrik bekomme das Recht zugewiesen, ein Drittel der geplanten Schadstoffe in den Fluss zu leiten. Dann könnte sie immer noch mit den Fischern über bessere Umweltstandards verhandeln. Wenn bei dieser Rechtslage die Fangeinbuße der Fischer jährlich 200.000 € beträgt und eine weitere Schmutz-Reduzierung nur Zusatzkosten (Kapitalkosten annuitätisch + laufende Kosten für Filter) von 125.000 € verursacht, dann könnten die Mehrkosten der Reinigung von den Fischern übernommen werden. Den Fischern bliebe bei dieser Lösung immer noch ein Überschuss von 75.000 € p.a.

Man sieht zwei interessante Punkte für diesen sehr speziellen Fall zum ersten Analysieren des Problems:

1) Die Politik sollte in diesem Fall **Verhandlungen** zwischen den Betroffenen zulassen; dies könnte noch Verbesserungen ermöglichen. Dazu müssen vorher „die Betroffenen" aber genau identifiziert werden können.
2) Die **Erstausstattung** mit „Verschmutzungs- bzw. Sauberkeitsansprüchen" der beiden Seiten ändert zwar am letztendlichen Ergebnis nichts (außer im Falle der Pleite einer Seite oder des Verzichts auf den Fabrikbau), doch beeinflusst sie massiv die Verteilung der Lasten.

Derartige nahe an einer marktwirtschaftlichen Lösung liegenden Arrangements wären jedoch nur dann unproblematisch, wenn sowohl der **Emittent** (Chemiefabrik) als auch die durch **die Immissionen betroffenen Wirtschaftssubjekte** (Fischer)
- eindeutig zu identifizieren sind,
- die Immissionen anteilig vom einzelnen Fischer auf den jeweiligen Emittenten zurückverfolgt werden können,
- der ausgelöste Schaden durch verschiedene Immissionen für beide Seiten eindeutig ermittelt werden kann. Ein Rückgang der Fischfänge hat nicht andere Ursachen, wie ungünstiges Wetter oder schwankende Wasserstände.
- Eine eigentumsrechtliche Regelung kann installiert werden, so dass der Emittent mit allen betroffenen „Opfern" über das optimale Ausmaß der Emissionen verhandeln kann oder die potentiellen „Opfer" dem Emittenten das Recht zur Emission zumindest teilweise abkaufen können oder aber entschädigt werden,
- die (Transaktions-)Kosten für die Messung der Werte und deren Auswertung niedrig wären.

Sehr viel komplexer sind jedoch **Emissionen**,
- die durch Luft**transport** mit wechselnden Windrichtungen oder bei Einleitung in Meere mit recht starker Gezeitenbewegung in verschiedene Richtungen transportiert werden können,
- die aus zahlreichen **mobilen Quellen** stammen (Automotoren, Flugzeugtriebwerke, etc.),
- die von **mehreren Emitt**enten entstehen, so dass bereits nahe der Immissionspunkte die einzelne emittierende Einheit nicht mehr eindeutig bestimmbar ist.

Dann lassen sich die an einem Ort entstehenden Immissionen nicht auf einen oder wenige Verursacher zurückverfolgen und die zunächst scheinbar attraktive denkbare

Verhandlungslösung scheitert. Damit sind etwa Waldbesitzer in Süddeutschland mit Schadenersatzklagen vor Gericht gescheitert, denn saurer Regen, eine Ursache für verminderte Holzerträge, hat zu viele denkbare Verursacher.

Andererseits kann es durch technischen Fortschritt in den Überwachungstechniken neue Lösungen geben: Als noch vor Ende des 20. Jahrhunderts eine Laser gestützte Seeüberwachung von großen Schiffen in der Nordsee aus der Luft möglich war, mit der sich die abgelassene Ölsorte ziemlich eindeutig bestimmen ließ, konnte man die Kapitäne und Schiffseigner fast immer klar ermitteln und haftbar machen. Prompt gingen diese üblen Praktiken massiv zurück. Dennoch gibt es noch viele Bereiche, wo dies heute nicht möglich ist.

Demzufolge operiert die reale Umweltpolitik mit Eingriffen der verschiedensten Art. Diese werden als die **Instrumente der Umweltpolitik** bezeichnet:

- **Ordnungsrecht / Standards:** Festlegung von einheitlichen Grenzwerten für jeden Emittenten. Diese simple Politik **einheitlicher** Vorgaben ist heute i.d.R. ineffizient. Ende der 1980er ohne Internet, Mikroelektronik u.ä. und mit robusten Überwachungstechniken hat man dieses Instrument gewählt, weil es damals einfach zu überwachen und durchzusetzen war: Stickoxid- und Schwefeldioxidminderungen gehen darauf zurück.

- Die **handelbaren Emissionsrechte (Cap and trade)** sind praktisch noch nicht sehr breit erprobt. Für die betroffene Region wird eine **feste Gesamtmenge** an dort zulässigen Emissionen festgelegt. Damit ist eine gesetzte Obergrenze als **Mengensignal stabil.** Die Preise können nach Einführung des Emissionshandels schwanken. Die **Probleme** betreffen die Erstausstattung mit Emissionsrechten, die optimale Größe der Region, die Dauer der einzelnen Phasen mit Mengenzielen und die Zeitkonsistenz der Politik. Wenn nämlich aus besonderen Gründen der Zertifikatpreis „zu niedrig" („zu hoch") ausfällt, neigt die reale Politik zum „Nachsteuern", was nach der Logik des Handels systemwidrig ist, denn die zulässige Gesamtmenge war ja zu Beginn des Handels nach vernünftigen ökologischen Maßstäben festgelegt worden.

- **Kooperative Lösungen** zwischen Unternehmen bzw. ihren Verbänden und den staatlichen Institutionen (so genannte „freiwillig eingegangene" Selbstverpflichtun-

gen der Emittenten) können funktionieren aus Angst vor noch härteren Maßnahmen des Staates.
- **Steuern** (auf Emissionen) schaffen **stabile Preissignale.** Die Emissionsmengen können jedoch auf Grund von Konjunkturschwankungen, Wetter o.ä. schwanken. Die Probleme hierbei sind wiederum die optimale Region, die ökologische Treffsicherheit der zukünftig prognostizierten Emissionsmengen und damit wieder die Zeitkonsistenz der Politik, die ihre Regeln gerne wiederholt „anpasst", jetzt aber dann, wenn ihr die effektiv resultierenden Mengen an Emissionen nicht gefallen, weil sie sich geringere Mengen erhoffte.

Die so genannten „**klassischen (Luft-)Schadstoffe**" wurden durch die Großfeuerungsanlagenverordnung (GFAV) Ende der achtziger Jahre und Einführung des Katalysators für Pkw sowie die Modernisierung der Altanlagen in den Neuen Bundesländern nach der Wiedervereinigung schrittweise sehr wirkungsvoll eingedämmt.

Dazu gehört zuerst **Schwefeldioxid (SO_2)**, das bei Verbrennung schwefelhaltiger Brennstoffe entsteht. Die Reaktionen in der Luft mit der natürlichen Luftfeuchtigkeit führen zu einer Umwandlung in Schwefelsäure (H_2SO_4) oder schweflige Säure (H_2SO_3). Dies erzeugt **sauren Regen**, der Schäden an Pflanzen, Gebäuden und zu viel Schwefel im Boden auslöst. Mit den Rauchgasentschwefelungsanlagen in fossil befeuerten Kraftwerken und Industrieanlagen (und Produktion von Gips als Kuppelprodukt), Entfernung des Schwefels bei Erdgas und Heizöl vor deren Nutzung und ähnlichem senkte man diese Emissionen.

Stickstoff befindet sich in großen Mengen in der normalen Luft, deren Sauerstoff für Verbrennungsprozesse benötigt wird. Bei bestimmten Temperaturen im Motor oder Kraftwerk reagiert auch der Luftstickstoff und es entsteht NO_2 oder NO_3, abgekürzt als **NO_x = Stickoxid.** Daraus kann im Regen Salpetersäure auf den Boden oder in die Lunge kommen und Schäden anrichten. Durch Katalysatoren im noch heißen Abgasrohr kann man diese chemische Reaktion wieder rückgängig machen, so dass bei warmem Motor fast kein NO_x emittiert wird, sofern die Abgasreinigung nicht mit besonderen Tricks abgeschaltet ist. Im Kurzstreckenbetrieb, d.h. bei noch kaltem Motor, funktioniert der Katalysator ohnehin unzureichend oder gar nicht. Deshalb ist der Kurzstreckenbetrieb eines Autos nicht nur schlecht für den Motor und wegen des anfangs sehr hohen Benzinverbrauchs schlecht für das Portemonnaie, sondern ist auch übel für die Luft und damit unsere Gesundheit. Ein ganz grober Verstoß ist natürlich das Abschalten bestimmter Katalysatorfunktionen unter angeblich „ungünstigen" Betriebsbedingungen.

Analoge Vorschriften gelten für **Staubemissionen**, die inzwischen durch technisch leistungsfähige Filter auch deutlich zurückgegangen sind. Problematisch sind hier noch eher die trotz der Filter ausgestoßenen extrem winzigen Staubpartikel, welche die oberen Bronchien passieren können, ohne abgehustet zu werden, um dann tief in der Lunge Schäden anzurichten.

Auf die Diskussion zu den global wirkenden **Treibhausgasen** (CO_2, Methan, Lachgas, FCKWs, …), die bei höheren Konzentrationen in der Atmosphäre im Verdacht stehen, Klimaveränderungen auszulösen, wird in einem eigenen nachfolgenden Kapitel eingegangen.

Die „klassischen Schadstoffe" hatten im Umkreis von wenigen bis zu mehreren hunderten Kilometern schädigende Wirkungen, die auch sehr bald festzustellen waren. Deshalb war der **politische Wille**, hier zu einer besseren Lösung zu kommen, auf Grund der dann zügig vermeidbaren Schäden im eigenen Land recht groß: Eigene Kosten führen (auch) zu eigenem Nutzen.

Ergebnis: Die Umweltpolitik Deutschlands hat klassische Schadstoffe recht wirkungsvoll reduziert. Stickoxide aus Kurzstreckenbetrieb von Pkw (NO_x) bzw. wegen abgeschaltbarer Abgasreinigung sind noch zu lösen.

Feinstaub aus sehr vielen diffusen Quellen (Verkehr, Landwirtschaft, Schüttgutumschlag, …) sollte zur Vermeidung von Gesundheitsschäden stärker reduziert werden.

29. Globale Umweltprobleme am Beispiel der Klimaschutzpolitik

Wer nicht gerne denkt, sollte wenigstens von Zeit zu Zeit seine Vorurteile neu gruppieren. **Luther Burbank**

Natürliche **Treibhausgase** (THG) sorgen für einen sehr **erwünschten Klimaeffekt** auf der Erde. Ohne diese wäre der Temperaturausgleich zwischen warmem Tag und kalter Nacht extrem schwach, und fast alle Landpflanzen würden die Nacht kaum überstehen. Das Gas CO_2 ist zudem für die **Photosynthese lebensnotwendig**. Das einzige, was uns Sorgen machen muss, ist die Anreicherung mit zusätzlichen THG, die über viele Jahrzehnte in der Atmosphäre akkumuliert werden und nicht schnell genug abgebaut werden.

CO_2 ist ein wichtiges global wirkendes Treibhausgas unter mehreren anderen. Weitere zu beachtende THG sind **Methan** (CH_4, das in Bio- oder Erdgas enthalten ist, das von alten Mülldeponien oder von wiederkäuenden Rindern emittiert wird oder beim Nassreisanbau oder in Biogasanlagen entsteht) oder **Lachgas** (Distickstoffmonoxid N_2O), das bei Produktion und Ausbringung von Stickstoffdünger freigesetzt wird. Ebenfalls (klima-)schädliche **FCKWs** gehen wegen inzwischen erfolgter Verbote zurück.

Falls die These der anthropogen verursachten Klimaerwärmung zutrifft, spielten **Ort und in Grenzen Zeitpunkt** einer THG-Emission über die nächsten 20 Jahre für das Weltklima etwa des Jahres 2075 fast keine Rolle. Für die Klimaeffekte der Zukunft wäre es egal, ob das CO_2-Molekül im Jahre 2025 oder etwa 2030 in Italien, Brasilien oder Indien emittiert wurde oder 2022 in Deutschland. Seit 1998 ist die globale Erwärmung trotz gestiegener CO_2-Werte etwas abgeflacht.

CO_2 wird in nennenswerten Mengen erst seit 250 Jahren wegen der anwachsenden **Verbrennung fossiler Energieträger durch die Menschen** frei gesetzt. Dadurch ist die CO_2-Konzentration der Atmosphäre auf heute rund 400 ppm gestiegen und damit um gut 40 % höher als zu Beginn der Industrialisierung. Aber auch Waldrodungen und geänderte Flächennutzungen bestimmen die CO_2 - Bilanz und ausgelöste Klimaeffekte.

Die fossilen Energieträger entstanden vor vielen Millionen Jahren: Braunkohle ist bspw. jünger als 30 Millionen Jahre, Steinkohle älter als 200 Millionen Jahre. Je nach Entstehungsgeschichte und Alter unterscheiden sie sich in der chemischen Zusammensetzung aus Kohlenstoff, Wasserstoff, Schwefel und anderen Substanzen. Je höher der Anteil an Kohlenstoff, desto höher ist der CO_2-Ausstoß/kWh Brennwert; je höher der Wasserstoffanteil, desto geringer ist der CO_2-Ausstoß/kWh. Jeder Primärenergieträger (der aus der Natur gewonnen wird) hat somit je nach chemischer Zusammensetzung unterschiedlich hohe CO_2-Emissionen je eingesetzter kWh.

Dadurch ergeben sich speziell in der **Stromerzeugung konventioneller Kraftwerke** folgende CO_2-Werte pro erzeugter kWh, wobei mit Erdgas (zu ungefähr 90 % CH_4) befeuerte Gas- und Dampfkraftwerke (GuD = zuerst eine Gasturbine, dann ein mit deren heißer Abwärme nachgeschalteter Dampfprozess) die niedrigsten Werte aufweisen:

	t CO_2 / MWh (Primärenergie)	Wirkungsgrad in der Stromerzeugung	**t CO_2 / MWh Strom**
Braunkohle	0,40	40,0 %	1,00
Steinkohle	0,34	43,5 %	0,78
Heizöl	0,27	40,0 %	0,67
Erdgas (GuD)	0,20	57,5 %	0,35
Erdgas-Turbine	0,20	27,5 %	0,73

Neubauten von Kohlekraftwerken haben heute Wirkungsgrade von bis über 45 %, so dass sie diese Emissionswerte pro MWh unterbieten: moderne Braunkohlekraftwerke sind bis zu 20 % besser als sehr alte Anlagen, die in den letzten Jahren vom Netz gingen. Kernkraftwerke selbst emittieren kein CO_2, verursachen aber derartige Emissionen (z.B. für Uran-Anreicherung) in den vor- und nachgelagerten Stufen. Die oft angepriesene „nackte" Gasturbine ist zwar sehr billig in der Anschaffung, aber wegen ihres schlechten Wirkungsgrads unter CO_2-Aspekten fast so ungünstig wie ein neues Steinkohlekraftwerk.

Derzeit richten sich die internationalen Zielsetzungen darauf, maximal zwei Grad für die maximale Erderwärmung einzuhalten. Es ist jedoch naturwissenschaftlich äußerst schwer zu begründen, warum diese 2,0 °C Erderwärmung gerade noch tolerabel seien, aber 2,1 °C nicht mehr und warum nicht 1,9 °. Das **Ziel** ist offenbar politisch gesetzt.

Für Klimaschutz müssten CO_2-Preise für alle weltweit gelten. Wenn THG weltweit das Klima verändern können und die Herkunft des Moleküls effektiv unwichtig für den Schaden ist, hat man eine **globale Umweltherausforderung** mit allen komplexen Anreizproblemen.

Internationale Konferenzen (COP = conferences of parties, nach der ersten internationalen Umweltkonferenz zum Klima in Rio de Janeiro 1992) haben es bisher auch nicht vermocht, eine **weltumspannende Kooperation** vor allem in den Instrumenten zu installieren.

Dahinter steht das so genannte **Trittbrettfahrer**problem: Jeder einzelne Staat hält seine eigenen THG-Emissionen für zu niedrig (was für China, USA, Indien, u.a. nicht zutrifft) und damit seinen Beitrag für vernachlässigbar oder findet andere triftige Gründe, nicht zu kooperieren. Der Anteil Deutschlands liegt heute bei rund 2,5 %.

Jeder müsste heute seine sicheren Kosten tragen, hätte jedoch angesichts der fehlenden Kooperationsbereitschaft anderer nur ungewissen Nutzen in der Zukunft, ergo unterbleiben verbindliche Zusagen. Ressourcenanbieterstaaten, insbesondere große Öl- und Kohleländer müssten Druck auf ihre Exportpreise befürchten. Dementsprechend geht es auf den weltweiten Klimakonferenzen im Spätherbst jedes Jahres inzwischen fast mehr um Umverteilungsfragen und Kompensationszahlungen als um verbindliche Reduktionszusagen und konkrete Instrumente.

Deshalb war das **Kyoto-Abkommen**, welches **1997** geschlossen wurde und nur für eine Teilmenge von Staaten für die Periode 2008-2012 gelten sollte, ursprünglich von einer politisch guten Absicht getragen: Die Kooperation wichtiger Industriestaaten sollte demonstriert werden. Im Ergebnis wurde dann später Russland mit weit reichenden Zugeständnissen zur Ratifikation bewegt, die USA haben das Protokoll nie ratifiziert, und Kanada ist nach dem Ölsand-Boom in Kanadas Westen wieder ausgetreten.

Da das Kyoto-Protokoll auch nur für eine Teilmenge aller Staaten galt, sind die weltweiten energiebedingten CO_2-Emissionen auf heute rund 35 Milliarden t jährlich weiter angestiegen, was immerhin ein Plus von über 55 % gegenüber dem Kyoto-Basisjahr 1990 bedeutet. Es fand somit weltweit in den letzten Jahrzehnten bis heute de facto ein deutlicher Anstieg anstelle eines Rückgangs statt.

Ein Klimaabkommen nur für eine Teilmenge der Staaten birgt zudem das so genannte **Leakage-Problem**:

Wenn ein Land heute substanziell zur weltweiten THG-Emissionsreduktion beitragen will, muss es Maßnahmen ergreifen, die einem faktischen CO_2-Preis von deutlich über 25 €/t CO_2 entsprechen. Wenn es dann wichtige Länder ohne eine solche Politik gibt, entstehen weltweit dadurch zwei verschiedene Energiepreise. Für die besonders energieintensive Grundstoffindustrie (wie Eisen und Stahl, Zement, Papier, ...) sind dann die Länder mit niedrigen Energiepreisen ohne THG-Politik attraktivere Standorte: Entweder wandert sie selbst ab oder die Unternehmen geraten unter den Importdruck des Auslands, was die globalen CO_2-Emissionen sogar erhöhen kann.

Unabhängig davon, ob ein THG-Abkommen weltweit oder nur für eine große Gruppe von Ländern abgeschlossen werden kann, gibt es so genannte „**Rebound-Effekte**", die einen Teil der Anstrengungen wieder zunichtemachen können. Für nur regionale Abkommen sind sie lediglich noch stärker.

Diese Rebound-Effekte beruhen auf den Reaktionen der Marktteilnehmer: Auf der **Angebotsseite** werden die Produzenten fossiler Energien auf den politisch gewollten zukünftigen Nachfragerückgang mit Preissenkungen reagieren, so dass die Welt nicht mehr dieselbe ist wie vorher.

Wenn Sie eine große Öllagerstätte oder ein sehr ergiebiges Steinkohlevorkommen von einem Erbonkel geerbt hätten, wie würden Sie auf eine Politik reagieren, die ankündigt, in wenigen Jahrzehnten ganz auf Kohle und Erdöl zu verzichten? Entweder Sie sind sich ziemlich sicher, dass diese Ankündigungen realiter lediglich warme Worte statt Taten sind, oder Sie senken Ihren Preis ein bisschen, um Ihre Vorräte heute noch schnell gewinnbringend zu verkaufen. Derartige Überlegungen müssen alle Öl- und Kohlebesitzer mit günstigen Förderkosten anstellen – das sind viele.

Auf der **Nachfrageseite** werden z.B. die Autofahrer als Folge besserer Motorentechnik deutlich weniger Kraftstoff für 100 km benötigen. Dann ist es individuell rational, z.B. bei kaltem oder schlechtem Wetter öfter das Fahrzeug zu benutzen als vorher. Oder man ersetzt den Kühlschrank durch einen stromsparenden, stellt aber den alten für die Kühlung der Getränke in den Keller. Dort ist er wegen der geringeren Außentemperatur zwar sparsamer im Stromverbrauch als bisher. In der Summe beider Kühlschränke kann aber sogar ein höherer Stromverbrauch resultieren. Derartige vorher schwer abschätzbare Reaktionen in die „falsche" unerwünschte Richtung, d.h. Rebound-Effekte sind vielfältig denkbar und überraschen in den Wirkungen häufig die Politik.

Bisher wurde unterstellt, dass nach erfolgter Verbrennung das entstehende CO_2-Molekül nur in die Atmosphäre gegeben wird; es war jahrhundertelang genauso geschehen. Seit einigen Jahren wird auch erörtert, ob man das CO_2 zumindest bei Großanlagen einfangen und dann unter hohem Druck in tiefere Schichten der Erdoberfläche (alter Öl- und Gaslagerstätten, in so genannte saline Gesteinsschichten, Tiefsee-Boden, ...) einpressen könnte. Selbst wenn eine Leckage-Rate von bis zu 0,25 % in Kauf genommen werden müsste, könnte man zum Schutz der Atmosphäre in den nächsten Jahrzehnten immerhin 80 – 90 % der ansonsten 100 % CO_2-Emission reduzieren. Man gewönne damit einige Zeit für schrittweise Umstrukturierungen!

Diese Carbon-Capture and Storage-Politik (**CCS** = Einfangen und Lagern) hat schon zu Politik-Maßnahmen der EU geführt. Großtechnisch und als System aufgebaut gibt es noch keine derartigen Anlagen in Europa, nicht zuletzt, weil es massive Widerstände gibt und weil CO_2 fälschlicherweise von vielen als „giftiges" Gas diffamiert wird.

Ergebnis: Sollte die derzeit über mehrere Jahrzehnte zu beobachtende Erwärmung der Erde überwiegend auf den Einfluss des Menschen zurückzuführen sein (CO_2-Emissionen aus der Nutzung fossiler Energie, Waldabholzungen, geänderte Flächennutzungen, Emissionen anderer THG, ...), entsteht ein **globales Umweltproblem**, für das die Menschheit bisher noch keine wirkungsvolle Form der internationalen Kooperation in den Zielen und vor allem den Instrumenten gefunden hat.

Isolierte Anstrengungen deutlich kleinerer Wirtschaftsräume oder einzelner Staaten haben nur einen sehr geringen oder gar keinen Nutzen, aber eventuell hohe Kosten vor allem in diesen Staaten.

30. Der EU-CO$_2$-Emissionshandel

Wir leben alle unter demselben Himmel, aber wir haben nicht alle denselben Horizont.   **Konrad Adenauer**

Innerhalb der EU wurde ab 2005 ein **CO$_2$-Emissionshandel** (Engl.: **EU-ETS**= emissions trading system) für einige bestimmte energieintensive Wirtschaftszweige (Kraftwerke, Zement-, Papier- und bestimmte Chemieanlagen, Eisen- und Stahlindustrie etc.) eingeführt, also nur für eine recht große Teilmenge der Wirtschaft, aber nicht für alle Sektoren.

Von den sechs THG des Kyoto-Protokolls wurde nur **das CO$_2$ als Teilmenge** der Gase und von allen Bereichen der Wirtschaft auch nur **eine Teilmenge der Sektoren** herausgenommen und in ein europaweites Handelsregime integriert. Für die darin eingeordneten Sektoren gilt seitdem ein jeweils für mehrere Jahre im Voraus festgelegtes **EU-Gesamtmengenziel**. Bei der Festlegung dieses Ziels geht neben ökologischen Zielen auch die Summe der nationalen zu erwartenden bzw. zugesagten Beiträge ein.

Für die nicht im EU-ETS liegenden Bereiche (Gewerbe und Dienstleistungen, Verkehr, Haushalte, viele Handwerks- und Industriebetriebe = helle Flächen) müssen die Regierungen anteilig als **nationale Ziele** deren THG-Minderungen mit anderen Instrumenten anstreben.

Sobald im EU-ETS (Gesamtheit der blau schraffierten Flächen in der Abbildung) das **EU-CO$_2$-Gesamtziel** für Papierindustrie, Stromerzeuger, Eisen- und Stahlindustrie etc. **ex ante** (im Voraus, zu Beginn der Periode) festliegt, können die beteiligten Unternehmen untereinander EU-weit CO$_2$-Zertifikate handeln.

Dann könnte das EU-Ziel für die maximale Gesamtemission von CO$_2$ zum Beispiel alleine durch Maßnahmen in den Ländern 1, 2 erreicht werden, und die Unternehmen der Länder 3, 4 kaufen Zertifikate von den anderen: So funktioniert ein europaweites Handelssystem.

Die Erfüllung nationaler oder gar regionaler Ziele jetzt noch **nachträglich** (ex post) für diese Unternehmensgruppen zu verlangen, ist unlogisch und konterkariert die Handelsidee: Die Länder 3 und 4 hätten ihre nationalen Ziele rein statistisch **ex-post** (im Nachhinein) zwangsläufig verfehlt. Das heißt konkret: Jeder spezielle heutige deutsche Wunsch, mit zusätzlichen Maßnahmen weniger Kohle nur in der deutschen Stromerzeugung einzusetzen, nützt anderen wie der spanischen Stahlindustrie, der EU-Zement-, Chemie- oder Papierindustrie oder griechischen Braunkohlekraftwerken. Dem Weltklima nützt diese Absicht während der Handelsperiode nichts!

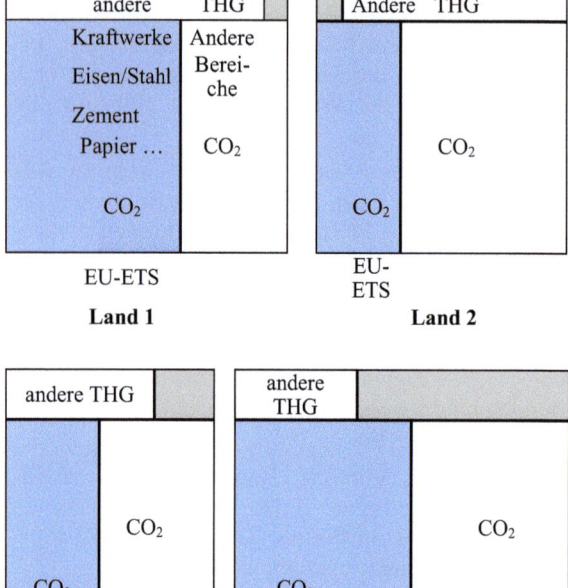

Teilmengenbildung im EU-CO_2-Emissionshandel

Die EU hält durch dieses System die **Gesamt-Obergrenze für die EU an CO_2-Emissionen** (für das blaue System im ETS) exakt ein, und das war die politische Absicht. Der faktisch realisierte CO_2-Preis kann mit Wetter, Konjunktur, Rebound-Effekten und anderen Faktoren schwanken.

Für die **nicht im EU-ETS-System befindlichen Sektoren sowie die übrigen THG** muss natürlich deren angestrebter verbleibender Reduzierungsanteil jeweils national in jeder Periode gesondert erreicht werden.

Wenn man als Nationalstaat zudem **erneuerbare Energieträger** (EE) in der Stromerzeugung extra fördern will, geht das entweder über eine festgelegte Menge, die über eine Ausschreibung an den kostengünstigen Anbieterkreis vergeben wird oder auch über eine preisliche Förderung. Bei letzterer kann die real angereizte Menge des Zubaus von erneuerbaren Kapazitäten je nach Ausmaß der Förderung überraschend gering oder auch sehr hoch ausfallen.

Da es bereits das EU-ETS für CO_2 gibt, das mit einer **Gesamtmenge** operiert, wäre es sinnvoll gewesen, zumindest für die EE-Stromerzeugung auch hier einen Mengenkorridor für erneuerbare vorzugeben: Beide Systeme wären besser logisch miteinander kompatibel gewesen.

Stattdessen hat man in Deutschland bisher eine preisorientierte Förderung (bei Strom: Einspeisevergütung) gewählt; ab 2016 soll dies schrittweise geändert werden. Im bisherigen Fördersystem mit den sehr hohen Vergütungen erlebte man angesichts des überraschend zügigen Zubaus erneuerbarer Stromerzeugung zwei Überraschungen:

- Die **CO_2-Preise** im EU-ETS sanken nach der Krise 2008 auf sehr niedrige Werte, was zusätzlich durch die derzeitige wirtschaftliche Schwäche in den Mittelmeerstaaten noch verstärkt wurde. Die Eisen- und Stahlproduktion, Zementherstellung, Chemieprodukte etc. gehen dort zurück – ergo benötigen deren Unternehmen anteilig weniger CO_2-Zertifikate. Die verlangte Einhaltung der Gesamtobergrenze für CO_2 wird dadurch für alle übrigen Bereiche im EU-ETS leichter.
- Der Neubau **fossiler Kraftwerke** und teilweise auch der Weiterbetrieb bestehender Kraftwerke lohnen sich nicht mehr, da deren Jahresbetriebsstunden politisch gefördert absehbar mittel- und langfristig schrumpfen. Damit unterbleibt die denkbare Modernisierung des konventionellen Kraftwerksparks, was zu deutlich niedrigeren CO_2-Emissionen gegenüber den Altanlagen hätte führen können. Alte Anlagen müssen dennoch als Winter- und Notfallreserve im Bestand bleiben.

Politisches Nachsteuern „aus vermeintlich guter Absicht" an vielen Stellen (gesonderte nationale Vorgaben für Unternehmen oder Brennstoffe im EU-ETS, nachträgliche Verschärfung des EU-CO_2-Gesamtziels, ...) ist unlogisch, richtet Unsinn an und beschädigt vor allem die Glaubwürdigkeit des europäischen Handelssystems EU-ETS.

Insbesondere in den Jahren 2008 – 2012 hat deshalb die deutsche Stromerzeugung aus erneuerbaren Energien **keine einzige t CO_2 zusätzlich global eingespart**. Die Einsparung erfolgte vielleicht in Deutschland, aber nicht in der ganzen EU (wegen der deutschen Förder-Maßnahmen brauchten die anderen EU-Staaten weniger CO_2-Minderungsanstrengungen). Und dies **jährlich** mit einem inzwischen deutlich zweistelligen Milliardenbetrag von fast 25 Mrd. €, was einem CO_2-Preis von weit über 150 – 400 €/t entspricht, während der CO_2-Börsenpreis im EU-ETS zwischen 30 und 5 €/t CO_2 schwankte.

Wenn Deutschland dennoch seinen Beitrag zur „Rettung des Weltklimas" leisten möchte, dann müsste es in den **anderen Bereichen** wie Wohn- und Bürogebäude, Verkehr, Wärme in Industrie und Handwerk, ... mit Hilfe der regenerativen Energien und vor allem rationeller Energieverwendung vieles tun.

Dort liegen die erneuerbaren Energien bisher (2015) jedoch bei sehr deutlich niedrigeren Anteilen als in der hoch subventionierten EE-Stromerzeugung, so z.B. bei gut 6 % im Verkehr (trotz der Bioalkoholbeimischung zum Kraftstoff) oder unter 12 % im Wärmemarkt (trotz Dämmung und Vordringens und starker Förderung von Solarthermie oder Holzpelletheizungen). Die Umsetzung dieser Maßnahmen dauert aber sehr viel länger und hat auch nicht den bisher positiven (Zu-)Stimmungseffekt in der wenig informierten Öffentlichkeit.

Trotz Kyoto-Protokolls und regelmäßiger Klimakonferenzen sind die **weltweiten CO_2-Emissionen** seit 1990 massiv weiter angestiegen. Zusätzlich erzeugt die einseitige Konzentration vor allem auf CO_2 einige neue Probleme:

- Die deutsche Politik fördert das vorgeblich CO_2-freie **Elektro-Auto**: Schon bei einem mittleren Erfolg für eine Flotte von E-Autos in 2035 steigt der Strombedarf etwa für 330 Mrd. Pkw-Kilometer leicht um bis **100 Milliarden kWh** (inklusive 15 % Ladeverluste für die Batterien, 4 % Leitungsverluste im Stromnetz) jährlich. Dem Stromsparen Adieu zu sagen, ist eventuell bei hohem und jederzeit abrufbarem Ertrag der Stromerzeugung aus erneuerbaren Quellen (EE) vertretbar. Gegenüber 2015 müsste die Stromerzeugung aus EE-Quellen dazu sehr bald mehr als verdoppelt werden. Aber noch ist nicht absehbar, welche ökologischen, ökonomischen und sonstigen Probleme z.B. technischer Art bei diesem Ausbau dann auftreten, und die „Speicherbarkeit" auch für EE-Strom ist längst noch nicht gegeben.

Und da der Strom dann auch abends bei Windstille zum Aufladen der Auto-Akkus aber doch aus fossilen Kraftwerken erzeugt werden muss, ist letztlich die angeblich CO_2-freie Autofahrt im Großbetrieb noch absehbar lange ein frommer Wunschtraum.

- Eine **besondere Technik** zu fördern ist ohnehin nicht Aufgabe des Staates: Vielleicht erweist sich bspw. der Wasserstoff-Motor mittelfristig als technisch besser. Die Wasserstoff-Produktion aus zeitweise reichlich vorhandenem EE-Strom ist ohnehin die erste Stufe für P2G (Power-to-Gas aus zeitweise reichlich anfallendem EE-Strom) und müsste in jedem Fall bald auch für mehrere andere Zwecke in einem System der erneuerbaren Energien durch Elektrolyse erzeugt werden.
- Tropische Regenwälder werden für **Palmöl-Plantagen** abgeholzt, was dann in Deutschland als Rohstoff für Biokraftstoffbeimischung genutzt wird. Großflächige Abholzung von tropischen Wäldern ist jedoch selbst massiv klimarelevant und ist zudem sozial sehr bedenklich für dortige Bevölkerung.
- Die deutsche Energiepolitik fördert massiv **Biogas**anlagen. Derzeit werden rund 10.000 Anlagen in Deutschland betrieben. Deren **Methan-Leckagen** werden nicht gemessen. Ein Kilogramm Methan ist jedoch 25-mal klimaschädlicher als 1 kg CO_2.

Die dafür notwendige Stickstoff-Düngung von Pflanzen (**Lachgas**problematik) und die zunehmende Konkurrenz zur Nahrungsmittelerzeugung sind dabei ebenfalls problematisch. Einerseits hungert ein Teil der Welt, andererseits werden große landwirtschaftliche Flächen für Energiepflanzen genutzt?

Ergebnis: Mit dem Trennen in zwei Teilbereiche für separate „Klimaschutzpolitiken" ist das europäische Gesamtsystem sehr viel komplexer geworden. Gut gemeint ist ökonomisch noch nicht gut gemacht.

Ein Nebeneinander verschiedenster Politik- und Steuerungssysteme oder das Hervorheben eines THG kann sehr leicht unsinnige und unerwartete Ergebnisse produzieren.

31. Grundlagenfakten Elektrizitätswirtschaft

Die Sonne scheint aus naturgesetzlichen Gründen nur tagsüber. *Der Autor*

Jeder Automotor oder jedes Kraftwerk, jede Photovoltaikanlage oder Windanlage weist eine maximal abrufbare Leistung in kW (früher PS) oder MW auf. Bekommt der Motor keinen Kraftstoff, das Kraftwerk keine Kohle oder Erdgas oder weht der Wind nicht, nützt diese Leistungsangabe rein gar nichts. Erst ein energetischer Input (von Kraftstoff, Kohle, Erdgas, Wind, Licht, …) sorgt für Bewegung des Generators und/oder Stromerzeugung.

Das technische Potential, in einem sehr kurzen Augenblick eine maximale Stromerzeugung zu bringen, wird als **Leistung** bezeichnet und in Megawatt gemessen. Die faktische Strom**erzeugung** in einer Periode in kWh oder tausendfachen Werten (MWh, GWh) wird durch das Zeitintegral (Summierung in sehr kleinen „Scheiben") über die tatsächlich mobilisierte Leistung in jedem Augenblick (Minute) gegeben (= **Arbeit**).

Angesichts der Volllaststunden (unter 1000 h/a für PV-Anlagen, d.h. Photovoltaik, 1500 h/a für Windanlagen an Land) und wegen der fehlenden Steuerbarkeit des Einsatzes je nach Strombedarf sind je 25 GW bei Wind oder bei Photovoltaik deshalb kein Ersatz für planbare konventionelle Kapazitäten mit bisher über 5000 oder 6000 Volllaststunden jährlich.

Für den großräumigen Transport und dann Verteilung von Strom benötigt man **Netze.** Unzureichende Netzkapazitäten führen dazu, dass vor und hinter Engpässen unterschiedliche Welten bestehen: Das können sowohl ökonomische Konsequenzen sein als auch eventuell technische durch Netzzusammenbruch (= Black-out), was dann abrupt alle Stromverbraucher dieses Gebietes betrifft.

Elektrischer Strom ist heute aus vielen Anwendungen und Bereichen nicht wegzudenken. Er muss bisher in dem **Augenblick des Verbrauchs zeitgleich** an anderer Stelle **erzeugt werden** und durch ein funktionsfähiges Netz zum Endverbraucher kommen. Deshalb gibt es an der Leipziger Börse EEX für **jede** einzelne **Viertelstunde** unterschiedliche Strompreise. Je nach Wetterlage (z.B. mittags unverhofft viel Wind und Sonne) können diese heutigen Tagespreise von denjenigen einiger Tage vorher erheblich abweichen: Strompreise schwanken extrem stark!

Jeder Stromnachfrager richtet die Nachfrage zu bestimmten Tageszeiten und Jahreszeiten sehr unterschiedlich aus: Die aus der Summe von Millionen Einzelentscheidungen resultierende Last (in GW = 1000 MW) muss dann jeweils in jeder Minute durch ausreichende Kraftwerkslieferungen genau bedient werden.

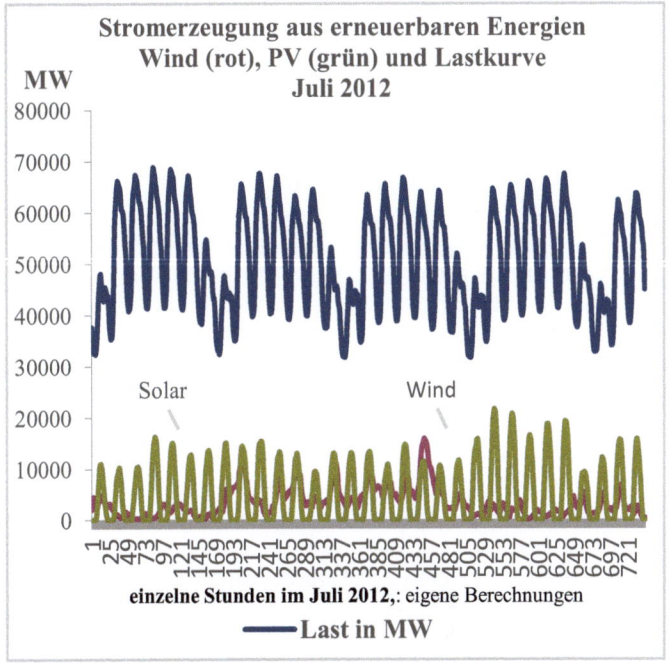

In der Abbildung erkennt man klar die Mittagsspitzen und den Abfall der **nachgefragten elektrischen Leistung** in der Nacht. Ebenso heben sich die Werktage Montag bis Freitag mit höheren, sowie die Wochenendtage mit deutlich geringeren Lasten ab. Insbesondere in der Nacht von Samstag auf Sonntag fällt die benötigte Leistung bis auf 32.000 MW ab. Dagegen erreicht die Mittagsspitze werktags regelmäßig um 70.000 MW.

Im **Winter** käme dann noch eine sehr deutliche **Abendspitze** (ebenfalls um ca. 70 GW) der Last etwa zwischen 18.00 und 20.30 Uhr hinzu.

Das Aufkommen von Windenergiestrom schwankt unregelmäßig, während die Photovoltaik im Sommer eine klare Mittagsspitze aufweist. Im Winter wäre die Abbildung mit entgegengesetzten Gewichten des EE-Stroms: Hier ist die Photovoltaik sonnen- und wetterbedingt manchmal extrem gering, während das Winterhalbjahr klar mehr Windenergieaufkommen hat, natürlich wieder unregelmäßig.

Pumpspeicherwerke, d.h. eine Art der „Speicherung" von Erzeugungs**potential,** werden in Mitteleuropa bereits viele Jahrzehnte lang genutzt. Aus naturgeographischen Gründen ist diese spezielle Technik in Deutschland weitestgehend ausgereizt. Zudem ist sie eher für den Innertagesausgleich gut geeignet, nicht als „Stromspeicher" über mehrere Tage oder Wochen.

In Zeiten billigen Stroms, was bis 2005 nur die Nachtverbrauchstäler waren, heute aber auch je nach dem aktuellen Sonnen- und Windangebot auch tagsüber (z.Z. bevorzugt an Wochenenden und Feiertagen) auftreten kann, wird dafür Wasser aus einem tiefer liegenden Gewässer in einen hoch liegenden Speichersee gepumpt und von dort zu Zeiten von knappem und teurem Strom abgelassen und mit einem Gesamtwirkungsgrad von ca. 70 % über Turbinen wieder zur Stromerzeugung genutzt. Dieser Speichersee ist keineswegs ein ökologisch wertvoller See, da die Wasserstände sehr schnell und stark wechseln.

Die Wirtschaftlichkeit der Neubauten von **Pumpspeicherwerken** wird heute jedoch immer schlechter, da im Sommerhalbjahr die klassische (teure) Mittagsspitze des Stromverbrauchs von Photovoltaik-Anlagen bedient wird. Wenn man jedoch nur im Winterhalbjahr Geld verdienen kann, lohnen sich die kapitalintensiven Neubauten für die Pumpspeicherwerke nicht mehr.

Die Beiträge **fluktuierender Stromerzeugung** aus **Wind** und **Sonne** wachsen aber absehbar weiter. Damit wird zukünftig die Speicherbarkeit von Strom über mehrere Tage und Wochen wichtig: Für das Gelingen der Energiewende müssten Speicher spätestens ab 2025 wirtschaftlich und groß-technisch funktionsfähig verfügbar sein. Das ist im Energiebereich schon sehr bald!

Negative Preise treten bei starkem Stromeinspeiseüberschuss vor allem aus EE-Anlagen auf. Dieser muss derzeit an das Ausland geliefert werden, d.h. der deutsche Netzbetreiber vermeidet einen drohenden Netzzusammenbruch wegen „zu viel Strom" dadurch, dass er bspw. österreichischen Stauseen mit Pumpspeicherwerken Geld für den **abgenommenen** Strom **dazu** gibt. Abends, wenn die Photovoltaik ausfällt, kann er diesen Strom noch einmal bezahlen, dieses Mal als nach Deutschland gelieferten Pumpspeicherstrom: Das geht dank der **EEG-Umlage**. Das Subventionsvolumen für EE-Strom, das den meisten Stromkunden auferlegt wird, liegt 2015 bei fast 25 Mrd. €.

Die elektrolytische Herstellung von Wasserstoffgas aus überschüssigem Strom, Zwischenspeicherung in Erdgaspipelines oder -speichern (bis zu 2 % Anteil möglich) und dessen Rückverstromung in Gaskraftwerken bei Bedarf soll helfen. Diese **Power-to-Gas** Strategie (amerikanisch: P2G) weist viele ungelöste technische und ökonomische Fragen für eine großtechnische Umsetzung auf und ist von Wirtschaftlichkeit noch sehr weit entfernt: Bei deren Einsatz geht es wohl erneut um weitere neue Subventionen.

Windkraftwerke und vor allem diejenigen auf Offshore-Standorten mit über 4000 Volllaststunden jährlich (gegenüber Landanlagen mit durchschnittlich nur 1500 Volllaststunden) werden schwerpunktmäßig in Norddeutschland betrieben, **Photovoltaik** besonders gut im Süden.

Mit dem Kernenergieausstieg bis Ende 2022 verliert Süddeutschland erhebliche Stromerzeugungskapazitäten. Mindestens werktags ab 18 Uhr und im Winterhalbjahr hat der Süden dann ein größeres Stromlieferdefizit, denn das Winterhalbjahr zeigt einen sehr geringen Beitrag der PV, aber eine ausgeprägte **Abendspitze von 18 – 20.30** Uhr in der Last. Eine solche Situation der „Dunkelflaute" kann nur durch den Einsatz konventioneller Kraftwerke bewältigt werden Diese stehen aber in zu geringem Ausmaß in Süddeutschland. Es entsteht ein **regionales Problem**!

Diesem Defizit könnte man entkommen, wenn der Süden durch einen Stromleitungsbau an die Kapazitäten von Windanlagen und Kohlekraftwerken im nördlichen und westlichen Deutschland angebunden wird. Sollte dieser Trassenbau auch nur verspätet kommen, ist absehbar die **Versorgungssicherheit** im Süden stark gefährdet.

Dann entstünde faktisch im Süden eine eigene Regelzone. Der bundesweit einheitliche Strompreis auf Großhandelsebene ginge verloren: Süddeutschland muss dann sehr viele teure Lösungen aktivieren, um einen Netzzusammenbruch zu verhindern, oder man verzichtet doch auf den

Kernenergieausstieg, oder bei Audi und BMW fällt die Spätschicht wegen Strommangel ab 17.00 Uhr gegebenenfalls aus. Wer investiert dann in Bayern?

Bis etwa 2010 waren vor allem (bereits laufende) **Gaskraftwerke** für das Nachfahren der schwankenden Rest-Strommengen (wegen Wind und Photovoltaik) prädestiniert. Heute haben diese Flexibilität auch moderne Steinkohlekraftwerke und modernisierte Anlagen. **Kohlekraftwerke** sorgten bisher für die Stromerzeugung in der Mittel- und gering schwankenden Grundlast und kamen so auf 3500 – 6000 Betriebsstunden jährlich. Dann lagen ihre Stromerzeugungskosten unter 5 - 6 Cent/kWh.

Erdgas kostet pro MWh heute aber das 2 bis 2,5-fache von Steinkohle. Bei diesen Brennstoffpreis-Unterschieden müssten sehr hohe CO_2-Preise gelten, um den Vorteil für Kohle aufzuheben. Oder die Gaspreise müssten stark fallen. Beides ist absehbar nicht der Fall. Und genügend Gaskraftwerkskapazitäten sind ohnehin nicht am Netz.

Neu ist ein weiteres Argument in der Politik: Nicht die zu bestimmten Zeiten zu üppige Wind- und PV-Stromerzeugung füllt angeblich die **Stromleitungen nach Süden,** obwohl ein Bundesland wie Schleswig-Holstein bei günstigem Sommerwetter und gutem Wind mehr als das Doppelte des Eigenbedarfs an Strom einspeist. Stattdessen sollen Kohlekraftwerke schuld sein, deren Stromerzeugung die Leitungen angeblich „verstopft". Dazu muss man sich die sehr hohen Erzeugungsspitzen im ganzen nördlichen Deutschland bei guter Windstärke 5 – 7 und Sonnenschein ansehen, um die Unsinnigkeit dieser Aussage zu erkennen.

Aber warum laufen überhaupt noch Kohlekraftwerke, einige davon mit extrem gedrosselter Fahrweise?

Die erste Antwort ist einfach: Weil sie jetzt oder absehbar in ca. zwei Stunden benötigt werden! Wenn nämlich am Nachmittag oder frühen Abend die Sonne untergeht und der Wind laut Wetterbericht demnächst nachlässt, sollen sie sofort bereitstehen. Sie brauchen aber aus einem **ausgeschalteten Zustand** in ca. 60 – 65 % ihrer Spitzenlast einige Stunden (Kernkraftwerke sogar deutlich mehr) Anfahrzeit. Die einzige Technik neben der Wasserkraft aus Stauseen mit deutlich kürzeren Anfahrtszeiten ist die einfache Gasturbine. Deren CO_2-Werte sind jedoch ähnlich ungünstig wie die von Steinkohlekraftwerken, und sie ist zudem sehr viel teurer in der Stromerzeugung.

Und zweitens werden bisher konventionelle Kraftwerke dringend benötigt, um „automatisch" die Frequenz im Netz zu stabilisieren. Sie erbringen also Systemdienstleistungen, die EE-Anlagen bisher nicht liefern können.

Eine dritte Antwort ist zudem: Wenn ein Kohlekraftwerk vor einigen Tagen am **Regelenergiemarkt**, den man ebenso für einen funktionierenden Strommarkt braucht, positive Regel-Leistung (in MW) dafür verkauft hat, muss es auf Anforderung vom Netzbetreiber sofort liefern, nicht erst in zwei oder drei Stunden!

Wenn das nicht funktioniert, gibt es einen Netzzusammenbruch. Hält man das für harmlos, sollte man einmal in ein ärmeres Land der Dritten Welt fahren, wo sich derartiges etwa einmal wöchentlich ereignet: Die Stromversorgung von Krankenhäusern, Handwerksbetrieben, Kühlschränken etc. bricht zusammen und schaltet bestenfalls auf teure und schmutzige Diesel-Notstrom-Aggregate um.

Ein technisch funktionfähiges Netz ist nicht mit warmen Worten oder guten Absichten, sondern nur mit Berücksichtigung von Physik und Ingenieurwissen zu betreiben.

Ergebnis: Die wachsende **Kapazität aus volatilen Quellen** (Wind und Photovoltaik) zeigt weiter eine stark steigende installierte Leistung in MW in den letzten Jahren.

Im **Sommer** zur Mittagszeit bringt besonders PV heute einen sehr hohen Beitrag zur **Stromerzeugung**. Wenn noch zusätzlich guter Wind herrscht, gelten dann für einige Stunden **negative Strompreise:** Ein Zeichen für riskant viel Strom im Netz, analog Hochwasser.

Im **Winter** entfällt die Photovoltaik häufig tagelang fast ganz; dann ist man auf den **Wind** als EE-Hauptlieferanten angewiesen. Herrscht dann noch fast Windstille („Dunkelflaute"), ist damit der Beitrag erneuerbarer Stromerzeugung auf Biomasse-Anlagen und noch laufende Wasserkraftwerke beschränkt.

Wenn in dieser Situation nicht bald kostengünstige **Speicher** in erheblichen Dimensionen verfügbar sind, kann man auf den Einsatz von Kohlekraftwerken noch lange nicht verzichten.

32. Was untersucht die Betriebs- was die Volkswirtschaftslehre (BWL und VWL)?

Die Statistik ist die erste der ungenauen Wissenschaften.
Edmond de Goncourt

Beide „Teildisziplinen" der Wirtschaftswissenschaften gehen davon aus, dass es nur eine **einzige ökonomische Realität** gibt.

Wenn es dennoch zwei unterschiedliche Sichtweisen auf diese Realität gibt, liegt es an der inzwischen fast zwangsläufigen Spezialisierung auf Themenbereiche. Die Erfahrung hat immer wieder gezeigt, dass es VWL-Ergebnisse in Grundlagen-Theorien gab, die dann auch in der BWL fruchtbar angewendet werden konnten und umgekehrt. Am Beispiel der Fächer „Kreditwesen" (BWL) und der „Geldtheorie und –politik" (VWL) können die unterschiedlichen Sichtweisen klar werden.

Ein Kreditinstitut (Bank, Sparkasse, Genossenschaftsbank) unterliegt diversen staatlichen Vorschriften und Regulierungen. Die BWL betrachtet, wie sich eine Bank bezüglich der verschiedenen Geschäftsfelder (Privatkunden, Kreditvergabe für Hausbauer bis zum Großbetrieb, Projektfinanzierung, Investment-Banking, …) aufstellt. Dabei muss sie Risiken und Chancen der diversen Aktivitäten analysieren (mit etwas Mathematik!) und gleichzeitig ihre strategischen Gewinnerzielungsabsichten im Auge behalten. Dies kann in einem eher ruhigen und wenig turbulenten Umfeld, aber auch in einem Klima der Hektik und massiver politischer Interventionen (Herbst 2008) geschehen.

Im Mittelpunkt der **BWL-Sichtweise** steht also das optimale Agieren der einzelnen Bank oder bestenfalls ganzer Bankengruppen (wie alle Sparkassen, die bisher in Teilen einer anderen Regulierung unterworfen waren) in wechselnden Umfeldern.

Da die Geldpolitik auch die Banken als Mit- und (manchmal) als Gegenspieler hat, wird sowohl in der BWL als auch in der VWL theoretisch untersucht, welche besonderen Anreizstrukturen in diesem spieltheoretischen Feld zu finden sind, was wiederum schnell mathematisch nicht ganz einfach ist.

In „Geld und Kredit", dem Geld-**Thema der VWL**, stehen die gesamtwirtschaftlichen Probleme im Vordergrund. Hier sind Geldmengenabgrenzungen, Vermeidung von Inflation, Steuerungsmöglichkeiten für die Zentralbank oder Bankenaufsicht, europäische Integration, (Teil-)Zahlungsbilanzungleichgewichte[8] und deren Finanzierung, Wirkungen der Geldpolitik auf Zinsen und Wechselkurse und andere Probleme im Zentrum des Interesses.

Auf der Basis derart gewonnener Erkenntnisse liefern die Wirtschaftswissenschaftler der VWL Grundlagenverständnis und Empfehlungen an die Geldpolitik der EZB oder für die Wirtschaftspolitik in Berlin oder Brüssel. Die **VWL-Sichtweise** ist auf das Funktionieren eines inzwischen komplexen Systems fokussiert und untersucht, wie sich **gesamtwirtschaft**lich negativ beurteilte Situationen wie Inflation oder Arbeitslosigkeit vermeiden lassen.

Man ziehe einmal den Vergleich mit einer **Landkarte.** Für jüngere Menschen, die nur Navigationssysteme und E-Books kennen: Hierbei handelt es sich um das gebundene Heft oder faltbare Papier in mehreren Farben, das man früher bei einer Autofahrt für die Orientierung benötigte.

Es gibt Landkarten in einem Maßstab (1:250.000), die gut für einen Wochenendausflug in die nähere Umgebung geeignet sind.

Dann finde ich in meinem Straßenatlas einen Umkreis von 30 km um meinen Wohnort und auch Hinweise auf Sehenswürdigkeiten oder kleinere Flüsse. Die Nutzung dieser Karte ist sinnvoll, solange ich unter „normalen" Bedingungen einen Ausflug plane. Dies ist die Perspektive der Betriebswirtschaftslehre. Was ist daran problematisch? Unterstellt, Sie wohnen 50 Kilometer von einem Stadion eines Fußball-Bundesligavereins entfernt. Der hat bei den Heimspielen 50.000 Fans aus der näheren und weiteren Umgebung. Sie sollten also vor Ihrer Ausflugsplanung prüfen, ob ein solches Heimspiel ansteht, wenn Sie nicht eine Stunde im Stau verbringen wollen.

Soll heißen: Ein guter Betriebswirt blickt über den Tellerrand seines engeren Faches und erkennt weiter entfernt

---

[8] Als Rechnung der „doppelten Buchführung" ist die Zahlungsbilanz definitionsgemäß immer ausgeglichen. Spricht man trotzdem von einem „Zahlungsbilanzdefizit", meint man eine Außenhandelssituation, in der die realen Leistungen eines Staates an das Ausland (Exporte, Verkauf von Grundstücken oder Aktien, ...) nicht zur Begleichung aller Zahlungen für Importe etc. ausreichen: Das Land lebt faktisch dann „auf Pump" bei seinen ausländischen Gläubigern.

ausgelöste Störungen für sein Geschäftsmodell rechtzeitig und berücksichtigt diese, auch wenn diese schon Themen der VWL sind. Wechselkursschwankungen oder eine wirtschaftliche Krise in den USA können für eine Autofirma wie BMW oft genauso wichtig oder sogar wichtiger als betriebsinterne technische oder organisatorische Verbesserungen sein.

Ein Volkswirt hat den globaleren Blick und plant eher eine längere Fahrt. Ihn interessieren die kleineren Sehenswürdigkeiten auf seiner Karte weniger, obwohl ein lokaler Erdrutsch die schöne Strecke auf dem Weg zur Autobahn blockieren kann. Der Volkswirt sollte als Ökonom auch das Handeln von Unternehmen und Banken verstehen.

Beispiel: Um auf das **Zitat** zu Beginn dieses Abschnitts einzugehen: Manchmal laufen zwei lange Datenreihen wie **Öl-Preis Brent** mit Börse London (Handelsplatz Nordsee) und **Öl-Preis WTI** mit Börse New York (Handelsplatz Cushing, Oklahoma) jahrelang beinahe ständig parallel, so dass man der Statistik fast wie ein „Naturgesetz" glauben möchte. Kennt man den Ölmarkt jedoch nicht, versteht man die dahinter liegenden Mechanismen nicht und ist überrascht, wenn das vermeintliche Gesetz doch nicht gilt.

Das amerikanische Ölangebot wuchs ab 2006 in Cushing (kanadische Ölsände, neu eröffnete US-Ölquellen). Es gab jedoch unzureichende Öl-Transportmöglichkeit aus den dort sehr vollen Lagern an den Golf von Mexiko und zudem politische Beschränkungen, so dass ein Preis-Ausgleich trotz der höheren Brent-Preise in Europa nicht perfekt funktionieren konnte. Ist das nun ein BWL- oder ein VWL-Problem? Es ist Ökonomik!

Amerikanische Banken, die nur an die „Gesetze" der Statistik glaubten, verloren Millionenbeträge durch unglückliche Wetten auf ein baldiges Schließen der Preisdifferenz. Mangels Kenntnis vom Ölmarkt vertrauten zu viele dem vermeintlichen „Gesetz" der Daten aus der Vergangenheit.

Ergebnis: Ein wirklich guter Ökonom ist zwar auf wenige Gebiete spezialisiert, nimmt aber insgesamt die Ökonomie in den wichtigen Größen als eine sehr komplexe Einheit wahr. Im Zweifelsfall fragt sie oder er die Kollegen.

Tipps für den ökonomischen Alltag

33. Ökonomische Tipps für das tägliche Leben

Man soll keine Dummheit zweimal begehen, die Auswahl ist schließlich groß genug. **Jean-Paul Sartre**

Das alltägliche Leben ist laufend voller ökonomischer Entscheidungen. Einige der wichtigsten Tipps für junge Leute sollen im folgenden helfen.

Berufswahl: Den angestrebten Beruf sollte man besser nicht „aus Verzweiflung" oder weil man „nichts Anderes weiß" oder weil „Papa oder Mama das gut findet" wählen. Den Beruf will man ja für einige Jahrzehnte ausüben, und wenn er dann keinen Spaß und Interesse weckt, dann sollte man sich etwas anderes überlegen.

Heute ist das Problem vieler Berufe, dass man den wahren Wert und Charme der Tätigkeit erst im Job genau erfahren kann. Man sollte sich also als erstes noch vor Ende der Schulzeit Orientierungs- und Informationsphasen einräumen, um eine Idee zu bekommen, was einem zusagen könnte. Warum soll man nicht eine ähnliche Tätigkeit in einem Ferienjob testen? Und falls man studiert: Warum sollte man nicht einmal anhand von Praktika oder Werkstudentenzeit ausprobieren, was einerseits gutes Einkommen bringen, andererseits zukünftig eine interessante Tätigkeit sein kann? Dort wird man auch andere schon erfahrene Mitarbeiter treffen und von deren Einschätzungen und positiven und negativen Erfahrungen profitieren.

Versicherungen: Kein Mensch lebt gerne mit übergroßen Risiken. Man kann sich gegen viele davon gegen Zahlung einer jährlichen Prämie versichern. Aber welche der vielen Versicherungen muss man haben, welche eher nicht? Ist für einen jungen Menschen wirklich eine Rechtschutzversicherung das Wichtigste?

Nur **eine einzige** spezielle Versicherung ist ein **Muss**, sobald man einen eigenen Haushalt hat, also nicht mehr bei den Eltern mit versichert ist. Eine **Privathaftpflicht**versicherung sollte jedermann haben. Man kann immer durch eine kleine Unachtsamkeit Verursacher eines großen Unfalls werden mit enormen Schäden. Als Fußgänger, Radfahrer oder Besucher in der Wohnung eines Bekannten ist man ja ansonsten nicht irgendwie gegen schuldhaft aus Fahrlässigkeit verursachte Schäden versichert. Die Jahresprämie für eine Privathaftpflicht kostet heute unter 100 €, das sind etwa 8 € monatlich. Angesichts eines möglichen sehr hohen Schadens, den man schnell aus Unachtsamkeit anrichten kann, benötigt man eine private Haftpflichtversicherung in jedem Fall.

Erst wenn der **Hausrat** mit der Zeit größer wird, lohnt sich eventuell auch eine Hausratsversicherung.

Ist der **Lebensunterhalt** zu teuer? Ist das Geld dieses Monats fast ausgegeben und dauert dieser Monat noch einige Tage? Der beste Tipp für die Bearbeitung dieses Problems ist, sich einige Monate lang ehrlich aufzuschreiben, wofür man sein zur Verfügung stehendes Geld ausgibt. Dabei hat schon mancher entdeckt, dass regelmäßige Käufe von Zigaretten und Alkoholika sowie häufige Kino- und Kneipenbesuche richtig ins Geld gehen können. Und man sollte sich dann fragen, ob ein Leben immer gerade am finanziellen Limit bei diesen Einsparmöglichkeiten wirklich den Charme hat, den man derartigem doch nur scheinbar „coolen" Konsum bisher zuspricht.

Teure **Anschaffungen** sollte man erst recht gut prüfen. Wenn man sich kein Auto **bar bezahlt** leisten kann (mitsamt der sicher zu erwartenden nachfolgenden Ausgaben für Steuer, Versicherung, Benzin, Reparaturen), dann fährt man besser weiter mit dem Fahrrad oder dem öffentlichen Nahverkehr.

Praktisch das einzige Gut, was man getrost zu einem erheblichen Teil auf Kredit kaufen kann oder muss, ist ein eigenes **Haus** oder eine **Eigentumswohnung.** Aber auch hier sollte man (wie immer) auf Qualität und gute Lage achten. Und einige nicht durchdachte Anschaffungen „auf Pump" haben schon manchen nach plötzlichen Änderungen in eine böse Schuldenspirale gebracht. Nicht nur die Zinsen zählen – Sie müssen den Kredit auch über die Zeit abbezahlen können.

Sonderaktionen und „Sie haben gewonnen"-Mitteilungen sind oft genug fauler Zauber, wenn nicht gar Betrugs- oder Ausspähversuche, vor allem bei E-Mails: Dort sind oft Hacker am Werk. Man sollte auf derartige Tricks nicht herein fallen. Und sollte ein Teppich mit einem Preis vorher von 8.000 € ausgezeichnet sein und jetzt als Supersonderangebot nur noch 1.995 € kosten, müssten bei Ihnen alle Alarmglocken läuten: Hier ist fast sicher etwas faul.

Ein Geschäftsgegenüber will mit möglichst wenig Aufwand Ihr Bestes – hier: **Ihr Geld** – das gilt für charmanteste Verkäufer(innen) genauso wie für seriös aussehende Teppichhändler, Makler oder Banker. Und wenn Ihnen ein Geschäft „die Mehrwertsteuer schenken" will, erhalten Sie noch lange nicht 19 % Rabatt. Da die Mehrwertsteuer auf den Nettopreis erhoben wird, beläuft sich dieser bei einem bisherigen Verkaufspreis von 100 € auf einen Nettobetrag von 84,03 €. Dazu 19 % (d.h. 15,97 €) ergeben 100 € Endpreis. Wenn Sie jetzt nur 84,03 € bezahlen müssen, erhalten Sie somit nur knapp 16 % Rabatt. Gut gebluff, ist halb hereingelegt. Rechnen Sie sicherheitshalber selbst alles nach.

Falls ein angebliches „Schnäppchen" (Auto, besonders günstige Reise, …) nur noch heute zu bekommen ist, bleiben Sie nüchtern und lassen Sie beim geringsten Zweifel die Finger davon. Ihre aktuelle Finanzsituation und die Dringlichkeit Ihrer Wünsche sollten entscheiden.

Last but not least: Gehen Sie mit sich selbst ökonomisch klug um. Ihr wichtigster und größter Energieverbraucher ist das **Gehirn**. Ihrem Laptop oder Computer geben Sie den Strom, den diese benötigen. Das Gehirn seinerseits muss, um anhaltend leistungsfähig zu sein, gut mit Kalorien gleichmäßig versorgt werden. Morgens aus Schlankheitswahn oder anderen Gründen nicht vernünftig zu frühstücken, ist für Ihre geistige Leistungsfähigkeit am Vormittag ziemlich schädlich. Deshalb meiden Sie jede Ernährung, welche nur kurzfristig Ihren Blutzuckerspiegel hoch jagt (wie etwa Schokoriegel, Süßigkeiten, …), sondern wählen ein gut gemischtes Frühstück aus Vollkornbrot oder Müsli, Obst und anderen Formen, die für einen 3 – 5 Stunden langen gleichmäßigen Energiefluss in Ihrem Körper sorgen. Das Gehirn soll ab morgens ständig arbeiten – geben Sie ihm die **Energie**, die es dafür benötigt.

Wo wir gerade beim Gehirn sind: Es gibt Nobelpreisträger, denen der wichtigste Einfall für ihre tolle spätere prämiierte Entdeckung im ratternden Zug gekommen ist, als sie gelangweilt aus dem Fenster schauten. Das Gehirn benötigt ab und zu solche Zustände, um die Informationen neu zu ordnen und neue Wege zu finden. Gerade **kreative Menschen** benötigen neben intensivem Arbeiten genauso auch längere Phasen der Langeweile. In einem solchen halben Ruhezustand kann das Gehirn verschiedene Teilaspekte besser miteinander verknüpfen. Dann steigt die Chance auf gute oder geniale Ideen, auch wenn es natürlich nicht sofort einen Nobelpreis dafür geben muss. Eine gut bestandene Prüfung oder ähnliches kann ja auch schön sein.

Die Botschaft heißt somit: Computer, Smartphone und Handy könnte man mehrere Stunden am Tag abschalten, auch um der nützlichen **Langeweile**, d.h. Phasen der Gehirnerholung, Zeit und Raum zu geben! Das erst ermöglicht die volle Kreativität!

Auch wenn „**Arbeiten, arbeiten,…**" für einen erfolgreichen (Berufs-)Weg empfehlenswert sein kann: Wenn Sie Ihr Gehirn breit und flexibel trainieren wollen, üben Sie noch mindestens **eine andere Aktivität** intensiv aus. Das kann Musizieren, Sport oder etwas anderes Interessantes als ernstes „Hobby" sein. Dadurch bleiben Sie nicht nur körperlich fitter, sondern auf Dauer auch geistig.

Als purer Schreibstubentyp hat man zudem auf lange Sicht nicht die beste und auch nicht gesündeste Lösung für ein interessantes und produktives Leben gewählt.

Ergebnis: Nüchtern und gelassen an Entscheidungen heranzugehen und jede größere Ausgabe zuerst zu prüfen und durchzurechnen, kann nicht schaden. Und längst nicht jeder, der Ihnen mit wohlgefälligen Worten und Schmeichelei etwas verkaufen will, hat dabei die edelsten Motive: Fast sicher denkt er einfach nur zuerst an seinen Vorteil.

Ihr Körper braucht eine gute Energieversorgung durch gesunde Lebensweise: Gute Ernährung, Sport und geistige Aktivitäten ergänzen sich optimal.

34. Ökonomische Tipps für den Hausbau oder Wohnungskauf

Als ich klein war, glaubte ich, Geld sei das wichtigste im Leben. Heute, da ich alt bin, weiß ich: Es stimmt.
Oscar Wilde

Die normalerweise größte Anschaffung im Leben ist entweder ein fertiges **Haus** (oder **Eigentumswohnung**) zu kaufen oder sogar nur ein Grundstück zu kaufen und dann dort selbst als Bauherr das ideale Wunschhaus errichten zu lassen. Der Hausneubau auf einem bisher unbebauten Grundstück ist natürlich die anspruchsvollste, für ein Jahr die nervigste, aber auch schönste Variante.

Eine Eigentumswohnung oder ein fertiges Haus gibt es als Neubau von einem Bauträger oder als gebrauchtes Objekt. Da freie Baugrundstücke in der gewünschten Lage in vielen Ballungszentren zur Mangelware geworden sind und weil es zudem einfacher ist, ein fertiges Objekt und die Nachbarschaft schon zu sehen und sich die eigenen Möbel darin vorzustellen, kaufen viele Menschen auch gerne ein gebrauchtes oder ein fast fertiges neues Objekt. Wenn ein Haus aber schon 20 Jahre alt ist, fallen demnächst einige Ersatzinvestitionen an: Die Heizungsanlage oder der Einbaukühlschrank könnten sehr bald zur Erneuerung fällig werden.

In jedem Fall muss man **vor** dem Kauf eines Grundstücks oder einer fertigen Immobilie den so genannten **Grundbuch**auszug einsehen. Die Grundbücher für alle Grundstücke in einer Stadt werden bei dem zuständigen Amtsgericht geführt. Dort sind nicht nur etwaige Hypotheken des jetzigen Eigentümers eingetragen, sondern auch etwaige Wegerechte von Nachbarn oder sonstige Einschränkungen für das Grundstück.

Im Falle eines unbebauten Grundstücks sollte eine Bauvoranfrage an das Städtische Bauamt klären, ob man für dieses Grundstück überhaupt mit einer **Baugenehmigung** rechnen kann und wenn ja, welche Einschränkungen eventuell vorliegen: Höhe und Form des Gebäudes (meistens auch abhängig von der Grundstücksgröße), vorgeschriebene Verklinkerung, Form und Farbe des Daches etc. sind oft eingeschränkt.

Auch hier gibt es viele mögliche Fallen; einige davon sind juristischer Natur, andere ökonomischer Art. Grundsätzlich gilt: Man bezahle niemals an einen Verkäufer, bevor nicht die Grundbucheintragung erfolgt ist oder über einen vertrauenswürdigen Notar eingeleitet ist. Zahlung an den Notar (als Anderkonto) ist im Zweifelsfall immer besser.

Auch hier gilt: Wenn bspw. ein Makler bei der ersten Besichtigung behauptet, man müsse sich sehr schnell entscheiden, weil das Objekt ansonsten weg ist, dann sollte man nüchtern fragen: Warum macht er mit Ihnen noch einen Termin aus, wenn angeblich der Grundstücksvertrag mit einem anderen Interessenten schon praktisch unterschriftsreif ist?

Und bei Grundstückskäufen im Ausland sollte man die dortige juristische Praxis für Immobilien sehr gründlich verstanden haben, bevor man leichtfertig Geld fließen lässt und dann sehr teuer Lehrgeld bezahlt.

Es gibt einen Maklerspruch zu einer guten Immobilie: Was bei einem Haus zählt, ist erstens „Lage", zweitens „Lage" und drittens „Lage". Was nützt Ihnen das schönste Grundstück im Grünen, wenn mehrere Male am Wochenende nachmittags ein IC- oder ICE-Zug in 100 Meter Entfernung mit 120 km/h vorbeifährt?

Bei fast jedem Immobilienprojekt erlebt man die Überraschung, dass mannigfaltige **Mehrkosten** zu kalkulieren sind, an die man anfangs nicht gedacht hat. Dies beginnt bei den Maklerkosten (sofern ein Makler eingeschaltet ist) und der **Grunderwerbsteuer** (diese wird von den Bundesländern erhoben) sowie den **Notar**kosten (für den Kauf und dann für die eventuell notwendige Grundbucheintragung einer Hypothek) und endet noch nicht bei der Installierung einer guten **Einbauküche**. Auch die Garage und **gepflasterte Zuwegungen** zum Haus sollten beim Einzug schon fertig sein. Ansonsten droht Ungemach bei der ersten Schlechtwetterperiode. Rechnen Sie sicherheitshalber derartige Beträge gleich mit ein.

Ein Angebot eines Fix-und-fertig-Hausbaus durch einen Rundum-sorglos Bauunternehmen bezieht sich meistens auf eine relativ magere Standardqualität mit sehr geringer Anzahl von Steckdosen, einfachen Fliesen und Sanitärobjekten, einfachste Treppenlösungen, Haustür etc. In dem Augenblick, wenn Sie doch „Extrawünsche" haben, wird das vermeintlich günstige Angebot schnell teurer. Manche wichtigen Leistungen sind im Standardangebot eventuell überhaupt nicht enthalten. Wenn der Vertrag jetzt nicht

„schlüssel- und gebrauchsfertig" vorsieht und nicht dazu sehr detailliert den Bauumfang beschreibt, kommt dann die unangenehme Überraschung später. Prüfen Sie **vorher** den genauen Leistungsumfang!

Und wenn Sie den Preis des Gesamtpakets inklusive aller „Nebenkosten" kennen, sollten Sie aus Vorsichtsgründen ein nötiges Eigenkapital (Sparguthaben, Guthaben Termingeld, Bauspar**guthaben**, ...) von mindesten 25 - 30 % ansetzen: Wenn Haus und Grundstück inkl. aller Nebenkosten 500.000 € kosten, dann sollten Sie je nach Ihrer beruflichen und finanziellen Zukunftsperspektive etwa 125 – 165.000 € Eigenkapital haben. Ansonsten können Zins und Tilgung für Sie zum gefährlichen Abenteuer werden.

> **Ergebnis:** Ein eigenes Haus kostet in der Gegenwart und folgenden 15 Jahren einen hohen finanziellen Aufwand, langfristig ist es bei guter Lage eine Freude und dann bisher in stabilen Orten auch eine gute Investition gewesen.
>
> Man unterschätze aber niemals den etwas größeren Finanzaufwand für die so genannten „Nebenkosten" (Grunderwerbsteuer, Notar, Makler, Erschließungskosten, Außenanlagen, Einbauküche, so genannte Extrawünsche, ...). Dabei können sehr leicht zusätzlich über 30 % der reinen Bausumme (inkl. Grundstück) oben drauf kommen: Aus 400.000 € für Haus und Grundstück werden dann schnell 520.000 €.
>
> Wenn somit eine Baufirma in einem Inserat mit einem Haus für 195.000 € wirbt, fehlen dort nicht nur wichtige Teile des Innenausbaus und die Garage, sondern auch das Grundstück und alle Genehmigungs- und Nebenkosten. Sollten Sie nicht alles in langwieriger Eigenarbeit machen wollen oder können, sind schnell mindestens 250.000 - 300.000 € obendrauf zu rechnen.
>
> So schön selber bauen auch ist: Sie brauchen dann auch einen Architekten, der je nach Umfang seiner Leistungen ebenfalls ein gutes Honorar verlangen wird.
>
> Allerdings bezahlen Sie für ein unbebautes Grundstück nur auf dessen niedrigeren Preis die Grunderwerbsteuer. Wenn Sie ein fertiges Haus kaufen oder mit einem Bauträger bauen, bezahlen sie diese für das Grundstück und für das Haus. Der Unterschied kann einige Prozente der Gesamtsumme machen.

35. Ab wann ist man „arm"?

Das Ideal der Gleichheit ist deshalb so schwer, weil die Menschen Gleichheit nur mit jenen wünschen, die über ihnen stehen. **John B. Priestley**

Die Frage nach der „Armut" ist deutlich schwieriger, als man auf den ersten Blick ahnt. Und ohne etwas Mathematik kommt man bei der Antwort auch nicht aus.

Als erstes sagt das Monats**bruttoeinkommen** sehr wenig aus. Stellen Sie sich vor, Sie verdienten z.B. 10.000 € monatlich. Es macht einen erheblichen Unterschied, wenn Sie entweder 4500 € oder nur 2500 € darauf Steuern bezahlen müssen. Zum einen muss man zunächst die Einkommensteuer abziehen und alle staatlichen Transfereinkommen wie Kindergeld oder Renten hinzu zählen, zum anderen ist natürlich die **Zahl der Personen im Haushalt** zu berücksichtigen. Wie sieht die Rücklagenbildung für Ihre Alterssicherung aus? Auch das kann sehr breit streuen.

Auch der **Wohnort** ist wichtig: Wenn bspw. ein Alleinstehender nach Abzug der Krankenkassenbeiträge ein Nettoeinkommen von 1200 € im Monat zur eigenen Verfügung hat, könnte er in einer ländlichen Kleinstadt davon leben, in München mit den hohen Mieten dagegen kaum. Eine alleinstehende Person mit zwei schulpflichtigen Kindern könnte kaum von 1680 € (inklusive Kindergeld) leben: Ihre Wohnung muss größer sein, und für Lebensmittel, Kleidung und anderes sind ihre Ausgaben deutlich höher.

Deswegen errechnet man als erstes ein **Netto-Äquivalenzeinkommen der Haushalte**. Der erste Erwachsene wird mit 1,0 gewichtet, weitere Erwachsene und Kinder ab 14 Jahren mit 0,5 (es wird ein zusätzlicher Bedarf von 50 % eines Alleinstehenden unterstellt) und jüngere Kinder mit 0,3. Wenn ein Ehepaar (ein Vollverdiener à netto 2000 € und ein Halbtagsjob à netto 1000 €) mit zwei Kindern (10 und 15 Jahre alt; 380 € Kindergeld) lebt, dann erzielt dieser Haushalt insgesamt 3380 € Haushaltseinkommen. Er hat nach obiger Gewichtung 2,3 Voll-Personen. Das Äquivalenzeinkommen dieses Haushalts beträgt somit 1470 € (fiktiv für „2,3 Alleinstehende" ergibt 3380 € für die vier Personen).

Zudem muss man **alle Einkommensquellen** eines Haushalts berücksichtigen. Eine heute in einer Eigentumswohnung oder eigenem Haus wohnende Rentnerin, die aus eigener (kurzer) Berufstätigkeit und Kindererziehungszeiten eine „eigene" Rente von 450 € bezieht, gälte zu Recht als „arm". Wenn sie aber dazu den Rentenanteil von 600 € und einen Teil der Betriebsrente von 200 € ihres verstorbenen Mannes bezieht, hat sie 1250 € monatlich. Eine hohe Miete bezahlt sie nicht. Außerdem verfügt sie über jahrelang angesparte 18.000 € auf Sparbuch und Termineinlagen. Jetzt wäre sie trotz ihrer niedrigen eigenen Rente wohl nicht mehr unbedingt als „arm" anzusehen.

Wir konstruieren uns jetzt eine „Mustervolkswirtschaft" bestehend aus insgesamt 10.000 Einheits-Haushalten mit unterschiedlichen Einkommen. Die 10 % bestverdienenden bekommen jeweils 100,1 GE im Monat, die ärmsten 10 % erzielen nur 14 GE (linke Spalte). Die genau mit ihrem Einkommen in der Mitte liegenden Haushalte (Nummer 4900 bis 5100, d.h. 0,2 %) stellen den **Median der Einkommen** dar.

	0 – 10%	10 – 20%	20 – 49,9%	**Median** 50,00%	50,1 – 90%	90 – 100%	Gesamt
Fall 1	14,0	16,0	20,0	**32,01**	52,4	100,1	400000
Fall 2	14,0	16,8	19,8	**32,01**	52,5	100,1	400000
Fall 3	32,0	34,0	43,2	**66,85**	102,5	194,4	800000

Armutsmessung bei unterschiedlichen Einkommen für jeweils 10 % der Haushalte (insgesamt 10.000)

Die in der Tabelle gezeigten **Fall 1** und **Fall 2** haben jeweils einen **Median** von 32,01 GE. Nach internationalem Standard gilt bspw. als „arm" wer weniger als 50 % dieses Medianeinkommens erreicht. Im Fall 1 wären dies 20 % der Haushalte, da sie mit 16 bzw. 14 GE darunter liegen. Im Fall 2 schafft es die **zweitärmste** Gruppe, ihr Einkommen geringfügig zu verbessern, während die dritte Gruppe mit mehr als 20 % der Einkommen gering verliert: Plötzlich sind jetzt nur noch 10 % „arm".

Fall 3: Bei durchschnittlich real verdoppelten Einkommen nach 15 Jahren gibt es eine **Steuerreform**. Die Freibeträge für Geringverdiener werden deutlich erhöht, der „Mittelstandsbauch" der progressiven Steuer wird abgeflacht, der Spitzensteuersatz für Spitzenverdiener wird jedoch erhöht: Insgesamt wirken diese Maßnahmen sehr zulasten „der vermeintlich Reichen". Das wäre eine Steuerreform, wie sie von verschiedenen Seiten auch für Deutschland oft gewünscht wird. Die unterste Einkommensgruppe hatte in Periode 1 netto nur 14 % der „reichsten"; jetzt sind es immerhin 16,4 %.

Durch die gleichzeitige Entlastung der mittleren Einkommen steigt jedoch deren Nettoeinkommen etwas stärker als nur auf das Doppelte, damit dummerweise auch der Median. Die **reichsten** drei Gruppen verlieren aber immerhin netto sogar sehr deutlich an Einkommensanteilen.

Prompt sind jetzt wegen des geringfügig gewachsenen Medians statistisch wieder 20 % „arm". Dabei erzielt die „zweitärmste" Haushaltsgruppe aber immerhin deutlich **mehr** als das Medianeinkommen von früher und ihr Anteil steigt von 16,8 % auf 17,5 % der Reichengruppe. Sollte man sich über diese statistisch ausgewiesene „Zunahme der Armut" ernsthaft Sorgen machen?

Alle Maße für „relative Armut" haben eine Vielzahl derartiger Tücken. Erst recht ist absolute Armut über der Zeitachse oder gar zwischen verschiedenen Volkswirtschaften noch schwerer zu messen.

In der heutigen Rückschau und nach heutigen materiellen Maßstäben wären weit über 85 % der Deutschen etwa im Jahr 1960 „arm" gewesen: Sie hatten ganz andere und einfachere Lebensverhältnisse ohne Farbfernsehen, Tablet, Handy oder PC, die meisten Familien noch ohne Telefon und wenn überhaupt, dann höchstens mit einem Auto. Waren sie deswegen unglücklicher? Nein!

Und wenn die vermeintlichen „Gutverdiener" allesamt in Ballungsgebieten (oder auf Sylt) mit hohen Mieten oder außerordentlich hohen Häuserpreisen wohnen, nützt ihnen das zusätzliche Geld wenig: Ein anderer in einer mittelgroßen Stadt hat eventuell monatlich einige hundert Euro weniger brutto, bezahlt aber andererseits ohnehin etwas weniger Steuern und vor allem jahrzehntelang weniger Miete oder Abzahlung für das Haus und Grundstück. Nach Abzug aller dieser Kosten lebt er „real" vielleicht fast genauso gut wie der erstere. Aber selbst als Normalverdiener ist man auf Sylt faktisch auch bei noch gutem Einkommen schon gekniffen! Das merkt keine Statistik.

> **Ergebnis:** Die eindeutige und von allen Gruppen akzeptierte Messung von „Armut" ist sehr schwierig, Vergleiche zwischen verschiedenen Jahrzehnten sind es erst recht.

Ökonomik für Fortgeschrittene

36. Abdiskontierung von Zahlungen zu verschiedenen Zeitpunkten

Faulheit ist die Furcht vor bevorstehender Arbeit.
Cicero

In der intertemporalen ökonomischen Planung ist grundsätzlich zu berücksichtigen, dass Zahlungsströme z_i in den Perioden t und t+1 (und allgemeiner t+j) zum heutigen Zeitpunkt t vergleichbar gemacht werden können, indem die Geldströme späterer Perioden mit dem Marktzinssatz abdiskontiert werden. Dieses Prinzip gilt für Kosten ebenso wie für Erlöse oder Einkommen eines Haushaltes.

a) Abdiskontierung macht Zahlungsströme vergleichbar

Dazu versetze man sich in die Situation eines Lotteriegewinners, dem zwei verschiedene Auszahlungsvarianten seines Gewinns angeboten werden:

Periode	Variante A	Variante B	i = 5,0 %	i = 6,0 %
		1/(1+i) =	0,9524	0,9434
0	100.000 €	20.000 €	20.000 €	20.000 €
1		20.000 €	19.048 €	17.969 €
2		20.000 €	18.141 €	16.145 €
3		20.000 €	17.277 €	14.506 €
4		20.000 €	16.454 €	13.033 €
5		20.000 €	15.671 €	11.710 €
		BW $_{Lotterie\ B}$	106.591 €	93.364 €

Barwertvergleich von Zahlungsströmen

Variante A führt zur sofortigen Gewinnauszahlung in Höhe von 100.000 €, während B eine jährliche Auszahlung von 20.000 € über 6 Jahre beginnend in Periode 0 vorsieht.

Insgesamt erhält man in der Lotterie B eine auf 6 Jahre verteilte Summe von 120.000 €. Andererseits hat man bei Lotterie A den Gewinn sofort in voller Höhe. Ob damit Lotterie A oder B besser sind, wird nur durch den Barwert von B in Relation zu den sicheren 100.000 € von A bestimmt. Dazu muss die mit einem Abdiskontierungsfaktor auf heute (Periode 0) herunter gerechnete Gewinnsumme in heutigen € ermittelt werden.

Diese ergibt sich bei einem **Zinssatz von i** allgemein:

$$BW_{\text{Lotterie B}} = \sum_{k=0}^{5} 20.000 \cdot \frac{1}{(1+i)^k}$$

Wenn i = 5 %, ergibt sich ein Abdiskontierungsfaktor von $1/_{1,05}$ = 0,9524.

Und daraus folgt ein Barwert von über 106.500 €, was klar besser ist als der Gewinn bei Lotterie A. Ist jedoch der Zinssatz i = 6 % zu veranschlagen, ist der Barwert der Lotterie B mit unter 93.400 € geringer als der Gewinn bei Lotterie A.

b) Jährliche versus kontinuierliche Zinszahlungen

Es ist eine Konvention, dass Zinsen als Jahreszinsen ausgedrückt werden. Daher fragt es sich, ob ein Hypothekenschuldner A, welcher in jedem Quartal für 100.000 € Zinsen in Höhe von 1.942,65 € bezahlen muss, schlechter gestellt ist als ein anderer Hypothekenschuldner B, der einmal am Jahresende auf einen Schlag 8.000 € bezahlt?

Der vierfache Quartalszinssatz von 1,943 % entspricht jedoch nicht dem Jahreszinssatz von 8 %, denn 4·1,943 % = 7,77 %. Die effektive jährliche Rate ermittelt man aus der Überlegung: Auf welche Schuld wächst das Darlehen ohne Zahlungen? Da quartalsweise 1,943 % belastet werden, wäre die Schuld nach einem Jahr mit Zins und Zinseszins S = 100.000 € · $1,01943^4$ = 108.000 €, d.h. der effektive Jahreszinssatz beträgt bei dieser Zahlungsform genau 8,0 %; dasselbe, was auch B bezahlt.

Und warum sollte man nicht gedanklich auf monatliche oder sogar tägliche Zinszahlungen umstellen? Dann teilte sich das Jahr in 12 oder 365 Perioden, allgemeiner: in m gleich lange Perioden. Der Zinssatz pro kurzer Periode wäre r(m) · m = i.

Dann ergibt sich die Schuld bei stündlichen Zinszahlungen (ein Jahr hat 8760 Stunden; ein Schaltjahr 24 mehr) in einem Jahr zu

$$100.000 \cdot \left[(1+\frac{1}{8760})^{8760}\right]^{r(m)}, \text{d.h.} 100.000 \cdot \mathit{2{,}718127}^{r(m)}.$$

Offensichtlich gilt für **n** → ∞ : $\lim_{n \to \infty} \left(1 + \frac{1}{n}\right)^n$ = e

$e \approx 2{,}71828183$. Die Euler-Zahl „e" hat unendlich viele (auch nicht periodische) Stellen hinter dem Komma, ist also nicht als Bruch darstellbar.

Das bedeutet: Die Verzinsung in einem Minuten- oder Sekundenrhythmus oder mathematisch korrekter, eine **kontinuierliche Verzinsung** führt zur einfachen Formel

S = 100.000 · e^r.

Damit diese kontinuierliche Schreibweise nach einem Jahr auf den gleichen Zinssatz i führt, den die Banken für die einfachere jährliche Verzinsung kalkulieren, muss gelten

$1 + i = e^r$, was äquivalent ist mit ***r = ln (1 + i)***.

Wenn der Jahres-Zinssatz i = 8,00 % beträgt, dann muss für die entsprechende „kontinuierliche Verzinsung" r = 7,696 % sein, denn $108.000 = 100.000 \cdot e^{0{,}07696}$.

Damit haben wir **zwei Möglichkeiten**, Zahlungsströme auf der Zeitachse miteinander kompatibel zu machen, indem wir die Barwerte betrachten:

- **diskrete Verzinsung** mit dem i.d.R. im Kreditsystem per Konvention üblichen Jahreszinssatz i:

$$BW_{\text{diskret}} = \sum_{k=0}^{N} \frac{Z_k}{(1+i)^k}$$

bei festen Zahlungszeitpunkten jährlich.

- **kontinuierliche Verzinsung** zum angepassten Zinssatz r:

$$BW_{\text{kontinuierlich}} = \int_0^N Z_t \cdot e^{-r \cdot t} \cdot dt$$

wobei der Zahlungsstrom Z_t jetzt in (stückweise) stetiger und damit integrierbarer Form aufgeschrieben ist.

Die erste Schreibweise ist vor allem für die Banken, Bauherren eines Hauses, Wertpapierkäufer oder den Investor in Fabrikanlagen wichtig und funktioniert in **Tabellenkalkulationsprogrammen wie EXCEL.**

Die zweite Schreibweise hat sich wegen der **Differenzierbarkeit** der resultierenden Terme und der formalen Einfachheit der e-Funktion vor allem für die anspruchsvolleren Modellanalysen in der Volkswirtschafts- oder Betriebswirtschaftslehre bewährt.

Im Kern beschreiben sie jedoch den gleichen Sachverhalt mit unterschiedlichen Methoden.

c) Berechnung von Verdopplungszeiten

Hat man eine Größe x, die anhaltend mit einer konstanten Wachstumsrate i wächst (wie Bakterienpopulationen, Vermögen, Preisniveau, reales Produktionsvolumen einer Volkswirtschaft, ...) dann verdoppelt sich diese Größe innerhalb von N Perioden. Dieses N lässt sich für einigermaßen „kleine" Wachstumsraten i wie folgt ermitteln.

$X_0 \cdot (1 + i)^N = 2 \cdot X_0$, was natürlich durch Kürzen die Bedeutungslosigkeit des Startwerts X_0 für die Größe N zeigt.

$(1+i)^N = 2$, was nach Logarithmieren (zur Basis e) ergibt:

$N \cdot \ln(1+i) = \ln 2 \approx 0{,}69315$

wegen $\ln(1+i) \approx i$ (Taylor-Entwicklung um 1) gilt für kleine i:

$N \cdot i \approx 0{,}69315$,

Multiplikation mit 100 und unter Beachtung $i_{ps} = i \cdot 100$ = Prozentsatz ergibt sich:

> $N \approx 70 / i_{ps}$ Faustformel für **Verdopplungszeiten**
> (Wachstumsrate i „klein")

Wenn somit eine Population von Bakterien mit einer Wachstumsrate i = 0,05 (i_{ps} = 5,00 %) täglich wächst, hat sie sich innerhalb von 70 / 5 = 14 Tagen ungefähr verdoppelt.

Wenn ein Sparguthaben von 1000 € mit konstant 3 % (mathematisch: i= 0,03) jährlich netto verzinst wird, ist es nach 70 / 3 ≈ 23 Jahren nominal verdoppelt, d.h. man hat dann 2000 €. Nur wenn die Inflationsrate in diesen 23 Jahren (hypothetisch) NULL geblieben wäre, entspräche das auch einer realen Verdoppelung und ich könnte mir dann in 23 Jahren doppelt so viele Güter kaufen, wie im ersten Jahre Null. Der Realzins betrüge nur dann tatsächlich 3 % jährlich.

Ergebnis: Im Kern stellen die diskrete Verzinsung und die kontinuierliche Verzinsung den gleichen Sachverhalt dar.

In der Anwendung empfiehlt sich es jedoch, auf keinen Fall zwischen den beiden Konzepten beliebig hin- und her zu wechseln, da auch der Zahlungsstrom in stetiger Form anders aufzuschreiben ist gegenüber dem diskreten Strom mit N+1 Zahlungen, was für exakte Rechnungen sehr umständlich werden kann.

Wächst x mit i % pro Periode, ist N = 70 / i Perioden etwa die Verdopplungszeit für x.

37. Finanzmathematische Durchschnittskosten

Eine Betriebsanalyse ist eine kostspielige Methode, durch betriebsfremde Fachleute das ermitteln zu lassen, was man im Betrieb seit 20 Jahren weiß. **Michael Schiff**

Im Folgenden soll gezeigt werden, wie man mit dem Phänomen der Inflation bei langfristigen Projekten sinnvollerweise umgeht.

Die Lebensdauer der Anlage, deren Markt und Gewinnchancen abzuschätzen sind, sei **n Jahre**.

a) Inflationsrate = 0

(Nominal-)Zinssatz = (Real-)Zinssatz = i

$Q_0, Q_1, ..., Q_n$ = Zeitreihe der **Aus**zahlungen, mit Q_0 = **Investitionssumme, alle Werte in €.**

$x_1, ..., x_n$ = Zeitreihe der (annahmegemäß sicher abschätzbaren) Produktions**mengen**, $x_0 = 0$.

Gesucht ist jetzt ein **q** (= reale finanzmathematische Durchschnittskosten DK), derart, dass gilt:

$$\sum_{k=0}^{n} \frac{Q_k}{(1+i)^k} = \sum_{k=0}^{n} \frac{q \cdot x_k}{(1+i)^k}$$

d.h. wenn über die Lebensdauer n der Anlage mindestens der durchschnittliche **Preis q** erzielt würde und die (durchaus variabel denkbare) Menge x_k absetzbar wäre, käme es zur exakten Kostendeckung. Auf Englisch heißt „q" levelized cost. Für q mit der Dimension [€/Menge] gilt deshalb

$$q = \frac{\sum_{k=0}^{n} \frac{Q_k}{(1+i)^k}}{\sum_{k=0}^{n} \frac{x_k}{(1+i)^k}}$$

Weil **keinerlei Inflation** unterstellt wurde, bezeichnet man q als **reale finanzmathematische DK.** Man beachte, dass im Zähler für ein €-Betrag steht, im Nenner rein formal ein Mengenwert, d.h. dim(q) = €/Menge.

b) Inflationsrate $= \pi > 0$ (zur Vereinfachung = konstant angenommen)

Der Nominalzinssatz sei $z = i + \pi + i\cdot\pi$, d.h. die perfekte Zinsanpassung an die allgemeine Inflation wird unterstellt: $1+z = (1+i) \cdot (1+\pi)$, was langfristig nicht verkehrt ist.

Beispiel: $i = 5\,\%$ (Realzinssatz), $\pi = 3\,\%$ über alle kommenden 20 Jahre.

Ein Nominalzinssatz von $z = 0{,}05 + 0{,}03 + 0{,}05 \cdot 0{,}03 = 0{,}0815$, d.h. 8,15 % sorgt für einen Erhalt des Realwerts von Krediten. In der Praxis gibt es natürlich Abweichungen durch Verzögerungen in Erwartungen und Verträgen, Einflüsse der Geldpolitik, divergierende Inflationserwartungen.

Gesucht ist jetzt ein **realer Preis q** zu heutigen Preisen [der dann *nominal* mit der Inflationsrate π jährlich anwächst: $q_t^{nom} = q \cdot (1+\pi)^t$] derart, dass gilt:

$$\sum_{k=0}^{n}\frac{Q_k \cdot (1+\pi)^k}{(1+z)^k} = \sum_{k=0}^{n}\frac{Q_k \cdot (1+\pi)^k}{(1+i)^k \cdot (1+\pi)^k} = \sum_{k=0}^{n}\frac{q \cdot (1+\pi)^k \cdot x_k}{(1+z)^k} = \sum_{k=0}^{n}\frac{q \cdot (1+\pi)^k \cdot x_k}{(1+i)^k \cdot (1+\pi)^k}$$

d.h. nach Kürzen durch $(1+\pi)^k$ ergibt sich genau der Wert für q in Abschnitt (a).

Interpretation: Wenn die Produktionsmengen $x_1, \ldots, x_n$ zum Preis $q \cdot (1+\pi)$ in Periode 1 und jeweils zum Preis von $q_t = q\cdot(1+\pi)^t$ in Periode t = 1, 2, 3, ..., n etc. verkauft werden können (faktisch Inflationsindexierung), dann erreicht die Anlage genau Kostendeckung.

Hinweis: In der Formel für q sind die prognostizierten (realen) Ausgaben für Arbeit, Brennstoff etc. in den Perioden 1,..., n **im Zähler** aufgeführt, das **Mengengerüst $x_1, \ldots, x_n$ = Produktion im Nenner**.

Ergebnis: Für langfristige Investitionen kalkuliert man am besten den (realen) Preis, den man **mindestens** zur Kostendeckung des Projekts benötigt. Kann man diesen voraussichtlich am Markt nicht erzielen, unterlässt man das Projekt besser.

38. Monopol im einfachsten Fall

Natürlich sind wir für die freie Marktwirtschaft, aber bitte ohne Konkurrenz. **Gerhard Kocher**

Der einfachste Monopolmarkt wird durch **drei Merkmale** beschrieben

(i) Es gibt **einen** einzigen Anbieter.
(ii) Der Anbieter hat keine Präferenzen für verschiedene Nachfrager oder Nachfragergruppen und/oder kann die Nachfrager nicht getrennt bedienen (z.B. keine Sonderpreise für Studenten oder Rentner).
(iii) Der Monopolist kennt die Nachfragefunktion auf dem relevanten Markt. Die Nachfrager ihrerseits kennen den jeweils verlangten Preis.

Diese Annahmen sichern das Gesetz eines **einheitlichen Preises** auf diesem Markt. Die vielen Nachfrager müssen den jeweils vom Monopolisten gesetzten Preis als Datum für ihre Entscheidungen hinnehmen. Andere kompliziertere (durchaus realistische) Effekte blenden wir hier aus.

Man könnte jetzt naiv denken, dass der Monopolist generell den höchstmöglichen Preis ansetzt. Die folgende Analyse zeigt aber, dass sein Gewinn-Maximum im Allgemeinen nicht dort liegt.

Die Lehrbuch-Standard-Lösung mit dem so genannten **Cournot-Punkt** lässt sich graphisch und explizit analytisch zeigen. Die nachgefragte Menge sei x, die angebotene y. Da der Monopolist den gesamten Markt bedient, bestimmt er mit der angebotenen **Menge y*** auch (auf der Nachfragekurve) gleichzeitig die Menge **x*** und den gewinnmaximierenden Preis **p***. Der Monopolist muss abwägen, was eine zusätzlich produzierte Mengeneinheit an zusätzlichen € einbringt und was sie zusätzlich kostet.

Bei einer linearen Nachfragefunktion $p = a - b \cdot x$ ergeben sich die Erlöse zu $E(x) = p(x) \cdot x = a \cdot x - b \cdot x^2$. Der zusätzliche Erlös bei Erhöhung der Produktion um eine kleine Einheit ist gegeben durch die 1. Ableitung der Funktion E(x) nach x als so genannte Grenzerlöse (GE):

$E'(x) = a - 2 \cdot b \cdot x$, d.h. die **Grenzerlös**funktion ist hier eine fallende Gerade mit demselben Ordinatenabschnitt a und der doppelten Steigung (-2· b) im Vergleich zur Nachfragekurve.

Diesen Überlegungen des Monopolisten bezüglich der **Nachfrage**seite muss er noch seine Kostenseite gegenüber stellen.

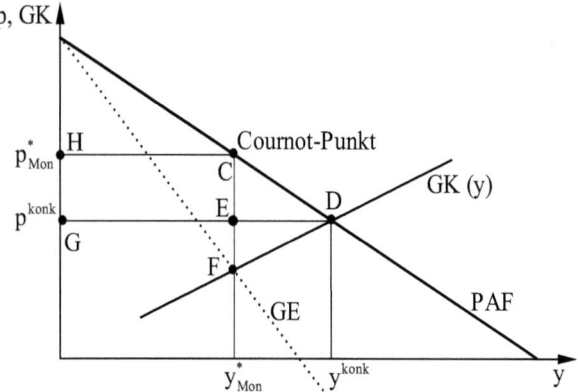

Abb. : Monopollösung mit linear ansteigenden Grenzkosten

Wenn man der Einnahmenseite (=Erlöse) die (Ausgaben=) Kostenseite (bei gegebenen Fabrikanlagen sind dies die variierbaren Kosten) gegenüber stellt, ist der Gewinn als

G(y) = Erlös(y) − Kosten(y) gegeben.

In der Oberstufenmathematik hat man spätestens in Klasse 12 gelernt, das Maximum einer Funktion zu bestimmen: **1. Ableitung** [hier: der **Gewinn**funktion G(y)] auf NULL setzen.

Dies liefert die allgemeine Gewinnmaximierungsregel: **Grenzerlös(y) = Grenzkosten(y)** = zusätzliche Kosten einer zusätzlichen kleinen Einheit = **GK(y)**.

Graphisch liefert der Schnittpunkt der GE-Kurve mit dem Graphen der GK-Funktion dann die gewinnmaximierende Menge y*. Auf der Nachfragefunktion findet man den Preis p^*_{Mon}. Zu Ehren des Ökonomen Cournot bezeichnet man den Punkt (y^*_{Mon}, p^*_{Mon}) als Cournot-Punkt.

Im Kontrast dazu muss im **Wettbewerbs**fall hingegen jeder kleine Anbieter den Marktpreis p^{konk} als für ihn gegeben ansehen. Sein Grenzerlös für jede kleine Einheit, die er zusätzlich auf den Markt bringt, ist dort der **Marktpreis**: Diesen muss er als Marktergebnis hinnehmen.

1. Allgemeine Monopolbetrachtung
Allgemeine Bestimmung von (x_{Mon}^*, p_{Mon}^*)
(1.1) Preis-Absatz-Funktion = Marktnachfrage p (x), dem Monopol bekannt
(1.2) Erlösfunktion: $x \cdot p(x)$ = Menge · Preis
(1.3) Grenzerlös GE $= p + \frac{dp}{dx} \cdot x$ = Produktregel (Ableitung nach x) $= p \cdot (1 + \frac{dp}{dx} \cdot \frac{x}{p})$
(1.4) Gewinn G(x) = Erlös(x) – Kosten(x)
1. Ableitung = NULL setzen: G'(x) = 0   **(notwendig)**
$\Leftrightarrow$ **GE (x) = GK (x)** $\to$ Dies bestimmt x_{Mon}^*
2. Ableitung < NULL für G_{max}:   **(hinreichend)** G'' = GE''- GK''< 0 $\Leftrightarrow$ GE' < GK'. Damit ist
(1.5) x_{Mon}^* in Nachfragefunktion bestimmt
(1.6) $p_{Mon}^* = p(x_{Mon}^*)$ auf der Nachfragefunktion.
Regel: G_{max} bei: (1.7)   GK $(x_{Mon}) = p \cdot (1 + \frac{1}{\eta_{xp}})$ heißt **Amoroso-Robinson-Relation mit der Preiselastizität der Nachfrage** $\frac{dp}{dx} \cdot \frac{x}{p} = \frac{1}{\eta_{xp}} = \frac{x}{dx} : \frac{p}{dp}$.   Dabei bezeichnet η_{xp} die **relative** Änderung der nachgefragten Menge bei einer kleinen relativen Veränderung des Preises. **Achtung:** In der Amoroso-Robinson-Formel steht der Kehrwert von η!

2. Vereinfachter Spezialfall Monopol

Lineare Nachfragefunktionen (2.1), wie graphisch oben! Konstante Grenzkosten GK = c in einem relevanten Bereich (2.4; → 1. Ableitung nach x)

(2.1) $\quad p(x) = a - b \cdot x$

(2.2) $\quad E \;\;= a \cdot x - b \cdot x^2$

(2.3) $\quad GE = a - 2 \cdot b \cdot x$

(2.4) $\quad K(x) = \text{const} + c \cdot x \qquad$ als Approximation
im relevanten Bereich der Produktionsmengen x

(2.5) $\quad G \;\;= E(x) - K(x) = a \cdot x - b \cdot x^2 - c$

$\qquad GE = a - 2 \cdot b \cdot x = c = GK$

Immer: $\;G'' = -2 \cdot b < 0 \quad$ (damit G_{max} gesichert)

(2.6) $\quad x_{Mon}^* = \dfrac{a-c}{2b}$

(2.7) $\quad p_{Mon}^* = a - \dfrac{a-c}{2} \;=\; \dfrac{a+c}{2} = \dfrac{c}{2} + \dfrac{a}{2}$

Vergleich mit vollkommener Konkurrenz

(2.8) $\quad p_k^* = c \qquad$ im relevanten Bereich

(2.9) $\quad p_k^* = c < p_{Mon}^* = \dfrac{c}{2} + \dfrac{a}{2}$

(2.10) $\quad x_k^* = \dfrac{a-c}{b} > \dfrac{a-c}{2b} = x_{Mon}^*$

Ergebnis: Der höchstmögliche Preis in diesem speziellen Markt besteht im Preis **p = a** $- \varepsilon$ (z.B. a – 5 Cent/Stück). Dieser wird aber vom Monopolisten **nicht** gewählt.

Dieses äußerst simple Beispiel zeigt bereits die Wichtigkeit der Schulmathematik auch in BWL oder VWL.

39. Poisson-Prozess und exponentiell verteilte Wartezeiten

Noch nie hat es eine Zivilisation gegeben, die bis in den Alltag hinein derart von mathematischen Methoden durchdrungen und derart von ihnen abhängig war wie die unsrige.

Hans Magnus Enzensberger

In vielen betrieblichen Problemen werden so genannte **Warteschlangen**modelle behandelt: In einem Supermarkt kommen Kunden **zufällig** an den Kassen an, halten sich ebenfalls **zufällig** unterschiedlich lange auf (abhängig von der Anzahl der geöffneten Kassen, vom Füllungsgrad der Einkaufswagen der Kunden vor ihnen, Bezahlgewohnheiten, ...) etc. Aus der Sicht des Supermarktbetreibers (Telefongesellschaft, Wartungsfirma für Störungen, ...) ist eine große Anzahl geöffneter Kassen vorteilhaft für die Zufriedenheit der Kunden, da die durchschnittliche Wartezeit damit sehr klein wird. Andererseits kostet jede besetzte Kasse den Lohnsatz der kassierenden Person. Um derartige Warteschlangenprobleme analysieren zu können, gibt es die so genannten **M/M/S-Systeme** (von: Markov = Ankunft, Markov = Bedienung / Abgearbeitet, S = Anzahl der Bedienungsstationen) in der Operations Research Theorie.

Die Grundidee ist sehr einfach:

Wenn bestimmte Ereignisse oder Impulse **zufällig** (Blitzschlag, Ankunft eines Kunden im Kassenbereich, radioaktiver Zerfall, ...) mit einer bestimmten Intensität stattfinden, ist die einfachste Modellierung, dass jedes dieser Ereignisse **unabhängig** vom vorangegangenen stattfindet: Der Blitz B „weiß" nichts von Blitz A und ebenso Blitz C nichts von A und B. Damit ist die jeweilige „Ankunft" als so genannter Markov-Prozess („M") darstellbar. Dasselbe kann für das Bedienen angewendet werden!

Wiederum der **einfachste Markov-Prozess** ist der Poisson-Prozess: Die Wahrscheinlichkeit für das Eintreten eines Ereignisses auf einem beliebig gewählten kurzen Zeitintervall $[t_1, t_2]$ mit $t_1 < t_2$ ist proportional zur Länge $\Delta t = t_2 - t_1$ mit dem Intensitätsparameter c. Sei $\xi(t_1, t_2)$ die Anzahl der (zufälligen) Impulse in $[t_1, t_2]$. Omikron $o(\Delta t)$ bezeichne eine beliebige Funktion von Δt, welche mit höherer Ordnung als Eins gegen Null geht für $\Delta t \to 0$. Wenn dann gilt:

a) $[t_1, t_2) \cap [t_3, t_4) = \emptyset \;\rightarrow\; \xi(t_1, t_2)$ und $\xi(t_3, t_4)$ sind stochastisch **unabhängig**

b) $P(\xi(t, t + \Delta t) = 0) = 1 - c \cdot \Delta t + o(\Delta t)$ Wahrscheinlichkeit für **keinen Impuls**,

c) $P(\xi(t, t + \Delta t) = 1) = c \cdot \Delta t + o(\Delta t)$ Wahrscheinlichkeit für **genau einen Impuls**,

dann bestimmen im wesentlichen die Intervall-Länge Δt und Intensitätsparameter c die Wahrscheinlichkeit für einen Impuls. Denn es gilt auch: $P(\xi(t, t+ \Delta t) > 1) = o(\Delta t)$.[9] Einige mathematische Umformungen zeigen, dass dann $\xi(t_1, t_2)$ eine Zufallsvariable ist, welche einer Poisson-Verteilung folgt mit dem Parameter $\lambda = c \cdot (t_1 - t_2)$.

Definition: Eine diskrete Zufallsvariable x heißt **Poisson verteilt (λ)**, wenn sie die diskrete Dichtefunktion

$$f(x) = \frac{\lambda^x}{x!} \cdot e^{-\lambda}$$

aufweist, $x \in \{0, 1, 2, ...\}, \lambda > 0$, „!" = Fakultät.

Satz: a) Wenn ξ Poisson verteilt ist mit Parameter λ, gilt $E[\xi] = \text{Var}[\xi] = \lambda$

b) ξ_1 und ξ_2 Poisson mit Parameter λ_1 bzw. λ_2, dann ist $\xi_1 + \xi_2$ Poisson mit $\lambda_1 + \lambda_2$

Diese beiden Eigenschaften implizieren, dass man durch **Erhöhung der Intensität λ** (z.B. eine Verdoppelung der Forschungsleistungen) die Wahrscheinlichkeit für das Eintreffen eines Impulses in einem kurzen Zeitintervall steigern kann.

Das ist für ökonomische Modellbildung vorteilhaft: Man denke an Forschungsanstrengungen für ein neues Produkt oder Produktionsverfahren. Die Erhöhung der Intensität kostet zusätzlich Geld. Diese zusätzlichen Kosten müssen abgewogen werden gegen den Vorteil der höheren Wahrscheinlichkeit für den „Durchbruch" in der Forschung, womit das Patent danach ökonomische Gewinne bringt. Das Problem in diesem Spiel sind die Wettbewerber, die auch forschen und *deren* Chancen auf Erfolg!

Beispiel: In einer Telefonanlage werden während vier normaler Stunden (= 240 Minuten) die folgenden Telefongesprächshäufigkeiten x beobachtet: In 61 Minuten findet

---

[9] Das griechische Symbol Omikron verwenden Mathematiker, um die besondere „Kleinheit" einer Größe anzuzeigen. Sie geht schneller gegen Null als alle anderen Terme.

kein Telefonat (x=0) statt, während 88 Minuten erfolgt ein Gespräch (x=1), 56-mal werden zwei Gespräche registriert etc.

X	beobachtet	f(n)	Schätzung Poisson-Prozess	Differenz
0	61	0,2603	62,5	-1,5
1	88	0,3503	84,1	3,9
2	56	0,2358	56,6	-0,6
3	23	0,1058	25,4	-2,4
4	8	0,0356	8,5	-0,5
5	2	0,0096	2,3	-0,3
6	2	0,0021	0,5	1,5
7	0	0,0004	0,1	-0,1
8	0	0,0001	0,0	0,0
9	0	0,0000	0,0	0,0
10	0	0,0000	0,0	0,0
Summe	**240**			

Schätzung:	$\lambda =$	1,345833

Wenn wir annehmen, dass diese Telefonate gemäß einem **Poisson-Prozess** stattfinden (wofür es gute Gründe geben kann), ergibt sich eine Schätzung für λ durch die mittlere Anzahl der Gespräche pro Minute, d.h. $\lambda^{\text{geschätzt}} = (0 \cdot 61 + 1 \cdot 88 + 2 \cdot 56 + \ldots)/240 = 323/240 = 1,345833$.

Dass sich dadurch eine gute Näherung ergibt, zeigt die obige Tabelle. Und wie man ebenfalls an diesem Beispiel sieht, kommt im Durchschnitt alle **0,743 Minuten = $1/\lambda$** (ca. 45 Sekunden) ein Telefongespräch zustande. Also hängen Intensitätsparameter λ und durchschnittliche Wartezeit auf einen Anruf miteinander zusammen.

Die Mathematik zeigt aber jetzt auch, dass bei Poisson verteilten Impulsen die **Wartezeit bis zum nächsten Eintreffen eines Ereignisses** selbst eine Zufallsvariable ist, die unter diesen Bedingungen eine Exponentialverteilung hat. Es gilt nämlich der folgende Satz.

Satz: Ein stochastischer Prozess $\xi(t)$ ist **Poisson verteilt** $(c \cdot t)$ $\leftrightarrow$

Die **Wartezeiten** zwischen aufeinander folgenden Impulsen sind (stochastisch) **unabhängig** und **exponential verteilt** mit Parameter c.

Hinweis: Sollte man aus einer Stichprobe auf exponentiell verteilte Wartezeiten (kontinuierlich) zwischen je zwei aufeinander folgende Ereignisse schließen können, muss man noch separat auf stochastische Unabhängigkeit testen; empirisch natürlich ersatzweise auf Unkorreliertheit. Erst dann kann man von einem diskreten Poisson-Prozess ausgehen.

Für einen stochastischen Prozess mit exponentialverteilter (mit Parameter c) Wartezeit τ auf das Eintreffen des ersten Ereignisses gilt somit die Wahrscheinlichkeit, dass man zum Zeitpunkt t >0 noch **keinen Impuls** beobachtet hat: $P(\tau > t) = \exp(-c \cdot t)$. Denn es gilt allgemein:

$P(\tau > t) = P(\xi(t)=0) = \exp(-c \cdot t)$ und

$P(\tau \leq t) = P(\xi(t)>0) = 1 - \exp(-c \cdot t)$.

Man setzt für einen solchen Prozess:

$\tau = \inf\{t \mid \xi(t)=1\}$ = **erstmaliger Zeitpunkt** für das Eintreffen eines Impulses. Das kann der erstmalige Durchbruch in einem Forschungsprojekt sein (großer Vorteil für mich als erfolgreicher Forscher) oder ein Tsunami oder anderer Unfall, der großen Schaden anrichtet.

Solche Prozesse kann man nun für das Risiko eines Blitzschlags, einer Enteignung, eines Waldbrandes oder Super-GAUs in einem Kraftwerk benutzen: In Kalkulationen bis zum ersten Eintreffen des ersten Ereignisses und dann stochastisch ausgelösten **Projektendes** wirkt sich dies faktisch als eine Erhöhung der Abdiskontierungsrate der zukünftigen Erlöse aus.

Beim „Patentrennen" heißt das, dass ein Konkurrenzunternehmen vor mir den Forschungsdurchbruch geschafft hat: Das ist eine „Katastrophe" für mich, weil meine bisherige Forschung entwertet wird! Die Wahrscheinlichkeit für ein derart schlechtes Ereignis erhöht also die anzusetzenden mathematischen Durchschnittskosten: Das Forschungsprojekt wird dann tendenziell unwirtschaftlicher, weil die erhofften Erträge sehr unsicher sind..

Die Wirkung eines solchen Risikos ist genau wie die eines Zinszuschlags: Zusätzlich zum normalen Real-Zinssatz i werden je nach Wahrscheinlichkeit δ (pro Jahr), die Anlage durch ein schlechtes Ereignis zu verlieren, gute Ergebnisse (Zahlungsüberschüsse) mit $i + \delta$ abdiskontiert. Damit wird dem Zufallseinfluss für ein gewaltsames Projektende Rechnung getragen.

Ermittelt man (wie in den achtziger Jahren) die Wahrscheinlichkeit für einen nicht mehr sicher beherrschbaren Kernkraftwerksunfall als 1:10.000 jährlich, bedeutet das bei 500 Kernkraftwerken auf der Welt, dass im Durchschnitt etwa alle 20 (= 10.000 / 500) Jahre ein sehr schwerer Unfall passiert, sofern jeder Unfall unabhängig vom anderen erfolgt.

Wenn die Politik eines Landes A als Folge eines schweren Unfalls mit sofortiger Still-Legung aller KKW im Land A regiert, betrüge der zu kalkulierende „**Zinszuschlag**" auf den normalen Zinssatz bei allein 200 für diese Entscheidung relevanten „ähnlichen" Kraftwerken immerhin schon $\delta = 2$ % p.a. Berücksichtigt man dieses politische Risiko in Form eines Zinszuschlags, dann erhält die Kernenergienutzung erheblich höhere kalkulatorische Kapitalkosten.

Wenn hingegen mehrere Unfälle auf eine gleiche auslösende Ursache zurückzuführen wären (großer Tsunami an einer Küste mit 8 – 10 KKW oder hypothetisch gleicher Bauteil-Fehler in 10 Anlagen, ...) gilt diese einfache Kalkulation nicht mehr. Der Zinszuschlag wird dann anders zu berechnen sein und i.d.R. höher ausfallen.

Ergebnis: Positiv wie negativ beurteilte zufällige Ereignisse können oft gut als Poisson-Prozess modelliert werden.

Da dann die **Wartezeit** bis zum ersten Ereignis exponentiell verteilt ist, wirkt sich das bei normalen ökonomischen Projekten mit Maximierung des Erwartungswerts eines Projekts bei dessen abruptem Lebensende wie eine **Änderung des kalkulatorischen Zinssatzes** aus.

Derartige Modellanalysen werden in der Ressourcenökonomik, wo das erstmalige Ereignis eine Enteignung durch die Ölstaaten wie nach 1973 oder ein Waldbrand etc. sein kann, beim Marktverhalten weniger Firmen (Patentrennen, wo das Risiko darin besteht, dass ein anderer Wettbewerber vor mir den Durchbruch schafft und er das wertvolle Patent bekommt) und vielen anderen Anwendungsbereichen eingesetzt.

40. Häufig benutzte ökonomische Abkürzungen

Ich bin in der GzBvA. Was ist das? Die Gesellschaft zur Bekämpfung von Abkürzungen. **Der Autor**

AG	Aktiengesellschaft, i.d.R. größere und große Unternehmen
ARA-Häfen	Amsterdam, Rotterdam, Antwerpen mit Anschluss an die „Rheinschiene"
b	Barrel = 159 l, gängige Größe für ein amerikanisches Whiskey-Fass als Lager- und Transportmedium nach Entdeckung großer Erdöl-Felder im Nordosten der USA 1859
BDI	Bundesverband der deutschen Industrie
BGB	Bürgerliches Gesetzbuch
BGR	Bundesanstalt für Geowissenschaften und Rohstoffe (Sitz in Hannover)
Brent	Referenzsorte Nordseeöl, benannt nach einem Ölfeld, gehandelt in London
CCS	Carbon-Capture and Storage = Einfangen und Lagern von CO_2 in tieferen Schichten der Erdoberfläche
cif	cost, insurance, freight, Bewertungsregel für Importgüter, d.h. Wert des Gutes + Versicherung + Fracht bis zur inländischen Grenze
CoP	Conference of parties, Klimaschutzkonferenzen der Staaten seit 1992; sie finden i.d.R. im Spätherbst statt.
CO_2	Kohlendioxid; einerseits lebenswichtig für Photosynthese und den wünschenswerten Treibhauseffekt, andererseits stark verdächtigt, zur Klimaänderung beizutragen
DAX	Deutscher Aktienindex der größten deutschen Aktiengesellschaften
DGB	Deutscher Gewerkschaftsbund = Dachverband großer deutscher Gewerkschaften
EEG	Erneuerbare Energien Gesetz
Euro	Europäische Währung für die so genannten Euro-Länder (Euro-Zone)

EU-ETS	**E**uropean **E**missions **T**rading **S**ystem = CO_2-Zertifikate-Handelssystem auf EU-Ebene für bestimmte (energieintensive) Anlagen
EWG	Vorläuferorganisation der EU (Europäische Wirtschaftsgemeinschaft)
EEX	European Energy Exchange, Börse für Mitteleuropa. Handel von CO_2-Zertifikaten, Strom und Erdgas mit Sitz in Leipzig und Paris (EPEX)
EZB	Europäische Zentralbank (für die Euro-Zone)
fob	free on Board, Bewertungsregel von Exportgütern, d.h. Wert des Gutes frei Schiff im Exporthafen (z.B. bis zur Verladung in Hamburg)
GATT	General Agreement on Tariffs and Trade (Zölle- und Handelsabkommen)
GmbH	Gesellschaft mit beschränkter Haftung, i.d.R. mittlere und kleine Unternehmen
HGÜ	Hochspannungs-Gleichstrom-Übertragung, d.h. Punkt zu Punkt Leitung für besonders verlustarmen Hochspannungs-Transport von Strom
ICE	International Commodity Exchange, London
MWh	Megawattstunde = 1000 kWh
NIMBY	Not in my -backyard: "Überall, nur nicht vor meiner Haustür" = umweltpolitisches Trittbrettfahrerverhalten
NYMEX	New York Mercantile Exchange, Handelsplatz, u.a. für US-Öl und Ölprodukte
OPEC	Organisation der Erdöl (engl. Petroleum) exportierenden Staaten, gegründet 1960
THG	Treibhausgas
WTI	Referenzsorte US-amerikanisches Rohöl (West Texas Intermediate, Börsenhandel New York)
WTO	World Trade Organization (Welthandelsorganisation)

Nachwort

Ökonomisches Denken heißt sehr abstrakt, nach der **bestmöglichen Lösung** für ein Problem oder ein angestrebtes **Ziel** zu suchen. Die Idee „Was muss ich aufgeben, wenn ich ein Objekt A haben oder ein Ziel B erreichen will", lässt sich aber auch auf viele andere Themen übertragen.

Und wenn in Talk-Shows über das ökonomische Denken gelästert wird, meint die Akteurin oder der Akteur entweder das **Zielsystem** (Effizienz?) oder dass die möglichen **Maßnahmen** aus irgendeinem Grund falsch oder für eine Gruppe (meistens die eigene Klientel) ungünstig gewählt seien, oder die ganze Richtung passt ihr oder ihm nicht. Dummerweise wird das selten genauer erklärt und bleibt dann in einem Nebel der populistischen Grauzone hängen: „Irgendwie muss an dem Argument doch etwas dran sein", auch wenn das Argument noch so schwach und wohl nur ideologisch oder gar nicht begründet war.

Dieses Muster, reich an äußerst hehren Idealen, aber überwiegend eher kümmerlich an analytischem Können und arm an solidem Erfahrungswissen, trifft man leider oft in den Medien an – bedauerlicherweise auch ab und zu in redaktionellen Beiträgen und Diskussionen.

Aber das ökonomische Denken auf **alle Lebenssituationen** anzuwenden, ist manchmal einfach ebenso verkehrt. Schöne Situationen kann man „kaputt" machen, sobald man sie komplex „planen" will: Ein gut laufendes Fußballspiel, ein fröhliches Spiel mit einem Kind oder ein dahin fliegender Wiener Walzer oder viele andere Situationen eignen sich dafür nicht. Gerade Spontanität und Laufen lassen haben ja auch einen eigenen Wert.

Umgekehrt gilt aber auch: Häufig benötigt man auch für diese schönen Momente die **ökonomischen Möglichkeiten**, um sie überhaupt erleben zu können. Viele Bilder von Maurice de Vlaminck, Georges Braque oder Pablo Picasso oder die besten Skiabfahrten sind in Ihrer Heimatstadt nicht verfügbar, oder eine Eintrittskarte zum Konzert Ihres Top-Pianisten oder Ihrer Lieblingsband kostet doch oft ziemlich viel Geld.

In diesem Sinne ist Ökonomik eine Hilfswissenschaft für das übergeordnete Ziel „Gutes Leben" und das nicht ganz unerhebliche Teilsegment „Materielle Möglichkeiten".

Und es lohnt sich für die gesamte Lebensqualität, auch das für Ökonomen typische Denken in realistischen oder realisierbaren Alternativen zu trainieren.

Dabei kann man auch einmal Entscheidungen treffen, die sich im Nachhinein als weniger gut oder falsch erweisen. Falls man daraus die Lehre zieht, dass man auch und vor allem die dabei gemachten möglichen eigenen Fehler analysieren muss, um sie künftig möglichst zu lassen, eröffnet sich leichter ein besserer Weg.

Wer hingegen jahrelang in kaum erreichbaren Phantastereien über die eigenen vermeintlichen tollen Möglichkeiten lebt, wird irgendwann entweder sehr unzufrieden oder schockartig aufwachen müssen.

In diesem Sinne könnte dieses Büchlein auch ein Beitrag sein, ökonomische Analyse und Wahrnehmung der Realität anzuwenden und damit Ihren Horizont produktiv zu erweitern.

Prof. Emeritus Dr. Wolfgang Ströbele
Lübeck-Travemünde

Geb. 03.03.1948 in Schwendi (Baden-Württemberg).

Diplom-Mathematiker (April 1972, Universität Göttingen), Promotion im April 1975 und dann Habilitation in Volkswirtschaftslehre (Sommer- und Wintersemester 1981/82) Universität Hannover.

Von Oktober 1981/82 bis 31. Juli 2013 Universitätsprofessor für Volkswirtschaftstheorie zuerst in **Oldenburg,** *ab September 1995 in* **Münster.**

Schwerpunkte: Umwelt- und Ressourcenökonomik, Wachstumstheorie, Mikroökonomik und Energiewirtschaft.

Über 100 wissenschaftliche Veröffentlichungen und

zahlreiche energie- und umweltpolitische sowie wettbewerbspolitische Beratungstätigkeiten für Parlamente, Regierungen, Verbände, Gewerkschaften, Unternehmen etc.

Weiterführende Literatur

Grundlagentheorie (Marktperspektive, auch mit einer Prise Mathematik)
Jochen Schumann, Ulrich Meyer, Wolfgang Ströbele: Grundzüge der mikroökonomischen Theorie, Springer-Verlag, Berlin, 2011.

Grundlagenkonzepte der BWL
Jean-Paul Thommen, Ann-Christin Achleitner: Allgemeine Betriebswirtschaftslehre: Umfassende Einführung aus managementorientierter Sicht, Gabler-Verlag, Wiesbaden, 2006.

Sozialsystem (mit einer Prise Sarkasmus)
Hanno Beck, Aloys Prinz, Die Soziallüge, FAZ-Buch, Frankfurt/M., 2004.

Steuern (mit einer Prise nüchternen Humors)
Hanno Beck, Aloys Prinz: Zahlungsbefehl, Hanser-Verlag, München, 2010.

Finanzkrise und Staatsbankrott (mit einer Prise sehr trockenen Humors)
Hanno Beck, Aloys Prinz: Abgebrannt, Hanser-Verlag, München, 2011.

Ökonomisches Denken über Jahrhunderte (historischer Rückblick)
Ulrich van Suntum: Die unsichtbare Hand, Springer-Verlag, 1999.

Euro-Krise (große Klasse – aber wegen des Themas ziemlich schwer)
Hans-Werner Sinn: Der Euro – von der Friedensidee zum Zankapfel, Hanser-Verlag, München, 2015.